JN300414

宮本みち子
小杉礼子【編著】

「若者問題」への接近

二極化する若者と自立支援

岩田正美
大津和夫
金井淑子
佐藤博樹
太郎丸博
直井道子
藤田晃之
渡辺秀樹
湯浅誠

明石書店

はじめに

若者が一人前になるには、家庭・学校・会社（職場）・国家が、独特の連携によって、若者の自立に必要なさまざま条件を与え、経過を見守り、必要があればサポートするという役割を果たすことが必要だ。

これまで日本では、家庭、学校、会社が一体となって若者の成人期への移行を支えてきた。工業化による経済発展という上げ潮に乗って、学校から会社への太いレールが敷かれたため、レールに乗れず社会の死角に沈んでしまうような若者が比較的少ない社会が出現した。

しかし、２０００年代に入ると、安定した仕事につけない若者が急増し、日本は「不完全雇用社会」へと転換した。しかも、そのことが若者世代に大きなダメージを与えていることが明らかになってきた。そのうえ、雇用問題にとどまらない問題が、子ども期から若者期に起こっていることも認識されるようになった。

貧困家庭で育つ子どもの問題、不登校やひきこもり状態にある若者の問題、メンタルヘルスの悪化や自殺の増加などが長期不況下の閉塞状況のなかで続き、若年雇用問題に留まらない、広範な子ども・若者への支援施策が求められるようになった。２０１０年には、子ども・若者育成支援推進法が成立し、困難を抱える子ども・若者の問題を解決する国・地方自治体の責任が明記され、包括的支援体制を構築すると宣言された。日本の社会保障制度が、高齢期中心で、現役世代および子ども期や若者期に対して手薄であったことも認識され、人生前半期の社会保障制度の強化が目標となりつつある。

若者に関しては多くの課題が横たわっているが、それらは日本の社会改革の課題につながっている。家庭・学校・会社の三位一体という日本型社会構造が、子どもの生育環境と若者の仕事の世界への着地を保障できたことは、日本が誇っていいことであったが、その反面で短所もあり、それが今や大きな障害となっている。家庭と会社任せで、国家の役割が小さいために、親の保護を受けられない子どもや若者への支援は薄く、困難を抱える若者への就労支援も薄く、近年の諸問題の噴出に対しては十分な対処ができない状態にある。

本書は、労働市場でもっとも困難な状態に置かれた若者に焦点を当てている。労働市場の選別化が進むなかで、そこから排除されがちな若者層の実態を見据えた検討が必要だという問題意識に立っている。

検討に当たってのポイントは次の点である。

第一に、若者にとって仕事は、収入、安定した生活の源であるだけでなく、社会へ参加し、役割を取得し、社会関係を築き、自信と自尊心を得るのになくてはならないものである。労働を通した福祉（労働福祉・ワークフェア）が強化される社会状況のなかで、仕事に就くための社会的支援は極めて重要になっている。どのような若者も仕事に就いて自立できるための社会的支援を続けることは必須条件である。

第二に、安定した成人期に達するまでに長い期間を必要とする現代では、この時期の試行錯誤を許し、そのための物心両面の支援をする社会環境を整備することが必要である。「親まかせでよい」とする社会環境のなかでは、親に頼る条件のない若者たちは、社会の底辺に追いやられてしまう。工業化時代のように学校と会社とが直結し、会社に入ってから教育訓練を受けて一人前の職業人・社会人へと育っていった時代とは異なる仕組みが必要である。

第三に、生育過程の貧困と家族の弱体化が、学校教育への不適応を招き、早期中退の原因となり、その後の低学力・低スキルが不安定雇用の原因になっている。このような現実を踏まえて、低成長時代には、意図的な取り組みが必要である。

本書は、２０１０年と２０１１年に日本学術会議「社会変動と若者問題分科会」（委員長 宮本みち子、副委員長 小杉礼子）と、独立行政法人労働政策研究・研修機構が共同で開催した、２回にわたる「労働政策フォーラム――若者問題への接近」をもとに書き下ろし出版したものである。前半は若者の実態に、それぞれの立場からアプローチした。後半は、新たな若者政策の確立に向けて改革案を提起した。

執筆者は、社会学、教育学、社会福祉学、倫理学の研究者と、新聞ジャーナリスト、社会活動家と広く、それぞれの立場からこの問題に対して、日頃の想いを凝縮して提案したものである。

若者が社会のメンバーとして安定した生活基盤を築くことができるように、工業化時代の社会諸制度に代わる新たな社会システムを構築しなければならない。なかでも、成長過程の不利がそのまま労働市場での不利につながり、社会格差が拡大していく現状に歯止めをかけなければならない。本書は、このような願いを込めて刊行した。多くの読者に読んでいただきたいと思う。

宮本みち子

二極化する若者と自立支援——「若者問題」への接近◉目次

第Ⅰ部

若者の実態をどうみるか

第1章　自立に向けての職業キャリアと教育の課題

小杉礼子

はじめに

若者の自立にはいろいろなとらえ方がある。自分で働いて得たお金で自分の生活費を賄うという経済的な意味での自立、食事のしたくや洗濯などの日常生活を自分で整えられるという生活の自立、親の家を出て一人で（あるいはパートナーなどと）暮らすという居住の自立、あるいは、精神的自立や政治的自立などというとらえ方もある。ここではもっぱら職業をもち生計を立てるという意味での自立に注目する。その自立の困難さが増しているのは、雇用の安定や賃金上昇への期待が織り込まれた「新卒就職」の市場が冷え込み、アルバイトやパートなどの雇用形態で働く若者たちが増えたことが大きい。

それには背景がある。我が国企業における正社員を中心とする長期的雇用の慣行、男性稼ぎ主と主婦、あるいは家計補助のためにパートタイムで働く女性とが軸となって形成される家族。そして家族が保育や介護を担い、また教育も（義務教育以降は）多くが家族の責と認識されてきたこと。さらに国の社会保障は現役引退後の人生後半に集中し、若い世代の自立支援はほとんどその対象ではない――そうした「雇用と家族に委ねられた生活保障」〔宮本　２００９〕に支えられてきた社会だからこそ、安定や賃金上昇が織り込まれた雇用が得られなければ、若者たちは自立の困難に直面する。

新卒採用をする多くの日本の企業は、彼らを「育てる」。新卒者が文字どおりの即戦力になると思っている企業はほとんどないだろう。就職先である企業が、一定期間をかけて職務を遂行する能力を育てることで、若者たちは職業的な自立を獲得していく。そういう企業の特徴はさまざまな歴史的背景をもって形成されてきたものであり、同時に学校教育もそういう企業のあり方と呼応しながら、高校段階においての職業教育を縮小し、高等教育段階においては職業との対応関係をほとんどもたない教育を拡大してきた。

この章では、雇用と教育との関係を軸に、若者たちの自立困難の実態と背景を検討する。

若年パート・アルバイトの増加と自立困難

１９９０年代半ば以降、パートやアルバイトなどで働く若者が急増した。正社員以外の雇用形態で働く若者（15～24歳層・在学中を除く）は、１９９１年には男性雇用者の８・０％、女性雇用者の10・８％であったものが、２００５年にはそれぞれ28・５％、39・８％に達し、その後は若干の増減はあるが高い

図表１　性・学歴・年齢段階別初職（雇用者）に占める正社員以外の雇用者の比率

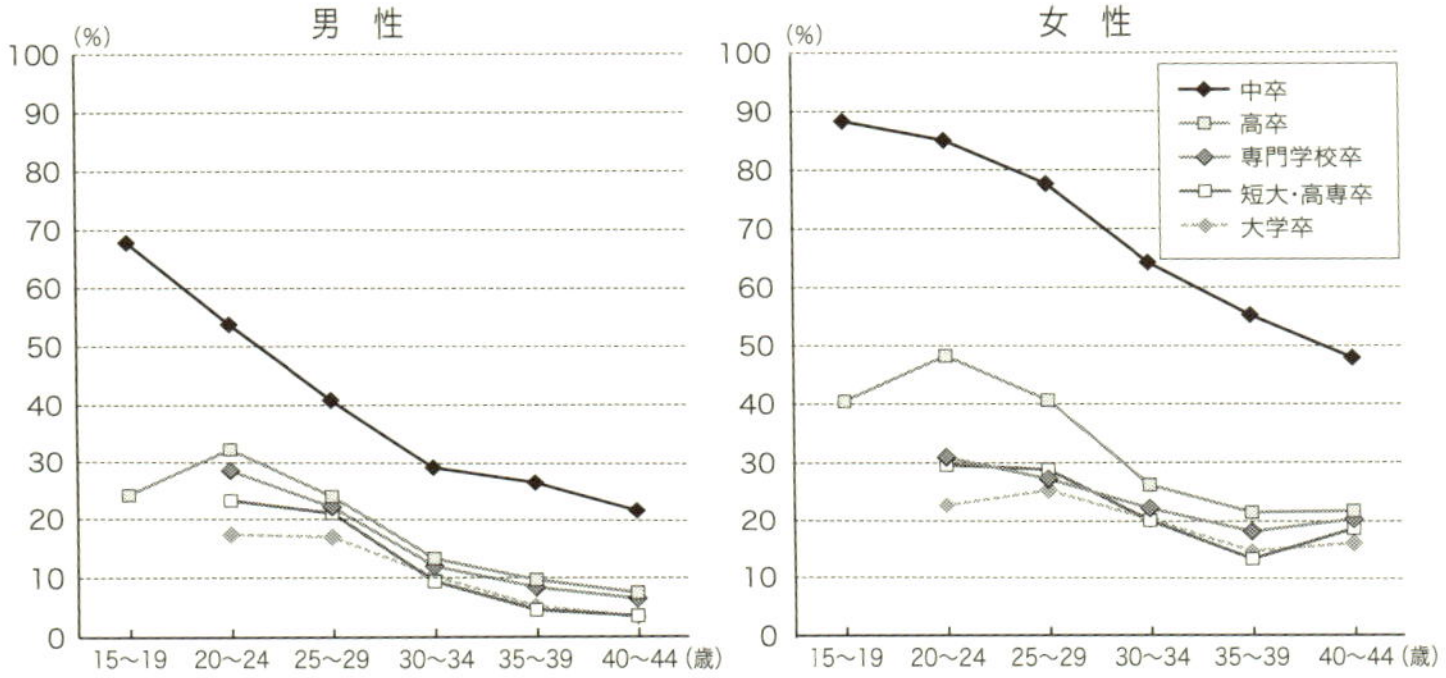

出所：労働政策研究・研修機構［2009a］より筆者作成

水準にとどまっている（総務省統計局１９９１年2月「労働力調査特別報告」および同２００５年1〜3月「労働力調査詳細集計」）。

図表1は、学校卒業（中退を含む）後の最初の雇用において、パートやアルバイトなどの正社員以外の雇用形態であった人の比率を性別・学歴別にみたものである。男女とも、どの学歴でも、40歳代の人に比べて若い世代ほど最初の仕事が正社員以外の雇用形態であった人が多い。とりわけ中卒者で多く、次いで高卒者で多い。男女では女性のほうが多い。また、高卒の10歳代後半、大卒女性の20歳代前半は少し比率が下がっている。すなわち、２０００年代後半に卒業した高卒男女と大卒女性では正社員比率に若干の増加があったことを示す。しかし、全般には初職が正社員以外の雇用形態である人の比率は若い世代ほど高く、特に女性、低学歴者で著しい。

なお、中卒という学歴には、高等学校中退者が含まれる。近年の中卒就職者が1万人を切る（２０１０年3月卒では約５０００人）のに対して、高校中退者は一時は10万人を超えていた（１９９９年度間の中途退学数10万７０００人、２００９年度間には5万７０００人）ことを考えれば、この統計での中卒者の多くは高校中退者であると考えられる。

若者の自立という面からパート・アルバイトの働き方を考えた時、その問題点は第1には正社員に比べて賃金が低いことが多く、自分の収入で生計を立てることが困難であること、第2には平均的には能力開発の機会が少なく、将来の自立の可能性を広げられないことであろう。

正社員に比べて賃金水準が低いことは各種の調査から指摘されている。「平成19年版就業構造基本調査」を基にした比較では、例えば男性高卒者の場合、パート・アルバイトの10歳代後半における年収は約１１６万円（正社員の54％）であるが、30歳代前半でも１６１万円（同44％）とあまり変わらず、アパートを借りて独立して暮らすとしたら、大変厳しい水準である。また、30歳代前半の大卒男性で約１５６万円（同35％）、高卒女性で約１０１万円（同40％）、大卒女性で約１１７万円（同32％）といずれもさらに低い[1]。

パート・アルバイトは正社員より労働時間が短いので、1時間当たりの収入に計算しなおして比較しても、20歳代前半までは男女・高卒大卒とも正社員の70〜80％程度であるが、30歳代では差が広がり正社員の60％程度にとどまっており、その差は大きい。

次の**図表2**（次頁）は勤続による年収と時間当たり収入の変化を比較したものである。男女とも正社員の場合は勤続期間が長いほど年収も時間当たり収入も高いのだが、パート・アルバイトではごくわず

図表2　雇用形態別・従業継続期間別　平均年収・週労働時間、時間当たり収入（15～34歳、在学中を除く）

		正社員				パート・アルバイト			
	現職従業期間	週労働時間（時間）	年収（万円）	時間当たり収入（円）	指数（1年未満＝100）	週労働時間（時間）	年収（万円）	時間当たり収入（円）	指数（1年未満＝100）
男性	1年未満	48.1	266.2	1,167	100	37.9	135.1	821	100
	1～2年未満	49.1	285.7	1,232	106	37.8	139.3	821	100
	2～3年未満	49.6	306.3	1,292	111	38.7	151.1	886	108
	3～4年未満	49.6	319.9	1,348	116	39.4	144.1	799	97
	4～5年未満	49.6	330.2	1,406	121	38.9	151.5	835	102
	5～10年未満	49.4	367.0	1,553	133	38.6	154.5	915	111
	10～15年未満	49.1	398.9	1,699	146	39.4	174.9	979	119
	15年以上	47.7	416.8	1,853	159	–	–	–	–
女性	1年未満	44.3	219.4	1,044	100	29.6	102.9	785	100
	1～2年未満	45.2	237.7	1,103	106	30.0	109.4	807	103
	2～3年未満	45.0	249.0	1,163	111	30.9	115.1	826	105
	3～4年未満	45.2	258.9	1,196	115	31.3	116.1	810	103
	4～5年未満	44.8	268.3	1,269	122	32.5	120.7	816	104
	5～10年未満	44.6	293.2	1,372	131	33.0	126.4	861	110
	10～15年未満	43.6	317.3	1,523	146	32.6	128.4	881	112
	15年以上	42.7	318.2	1,608	154	35.3	128.2	791	101

注：収入はレンジで把握されているので、各レンジの中央値を変数値として平均を取った。週労働時間は「だいたい規則的に」または「年間200日以上」働いている場合のみ。時間当たり収入は、個人年収／(週労働時間×50週）で求めた。
出所：内閣府男女共同参画局・生活困難を抱える男女に関する検討会［2010］

かな伸びしかみられない。パート・アルバイトの場合は長期勤続していても同じような仕事を続けることが多く、そのため収入もあまり変わらないと推測される。

さらに同じ統計から過去1年間に勤務先による教育訓練を受けたかどうかを雇用形態別にみると（15～34歳、在学中を除く）、正社員の場合は42%に受講経験があったが、パートでは16%、アルバイトでは14%しか受講経験がなく、その差は明らかであった。

パートやアルバイトという働き方では、勤続による収入の増加も勤務先による教育訓練の受講機会もなかなか得られない。学卒時からこうし

図表３　性・学科別高卒無業者比率の推移

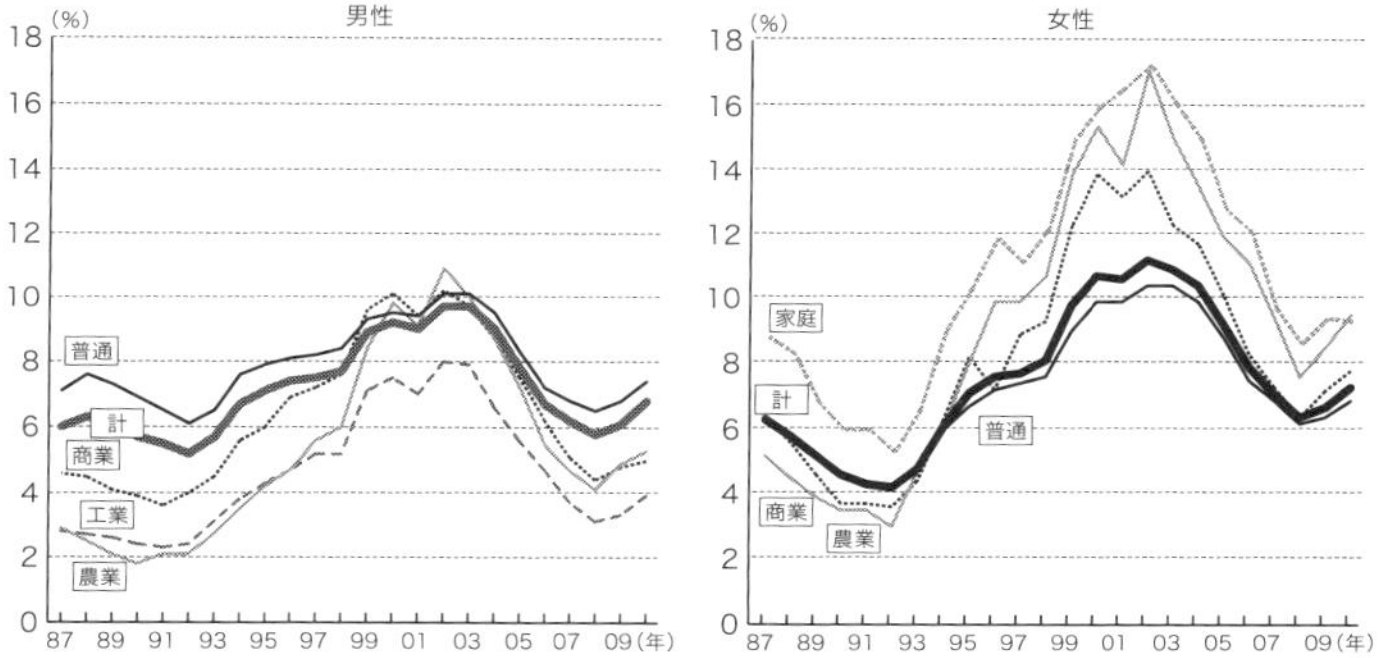

注：「学校基本調査」での卒業後の進路の区分は、1998 年までは大学・短大、専修学校への進学者、就職者、死亡・不詳、および「無業者」であったが、99 年からは「無業者」は「左記以外のもの」と呼称が変わった。また、2004 年からはこから「一時的な仕事」を分離している。ここでは継続性のため、「一時的な仕事」も含めて「無業者」としている。無業者比率は無業者が卒業者に占める比率。
出所：文部科学省「学校基本調査」（各年）

た働き方をする若者が増えているという事態にどう対応すべきなのかが、今、問われているのである。

日本の高卒就職システムと職業教育

日本は国際的にみれば若年失業率の低い国といえる。多くの先進諸国で若年失業率が高止まりする中で、我が国における高校生をスムーズに正社員に移行させる学卒就職の仕組みは高く評価されてきた［OECD 2000, Ryan 2001 など］。しかし、90年代はじめから２０００年代半ばまで、高校を卒業しても就職も進学もしていない、無業者が増加し続けた（**図表３**）。

この背景には、景気後退を受けて新規高卒者への求人が大幅に減り、求人のある学校とない学校との差が大きくなったことがある。これまでの慣行である、学校に来る求人から一人1社ずつ応募先を決めて学校推薦を受けて応募するという手順では、1社も応募できないまま卒業期を迎える生徒も出てきた。こうした事態に対して、これまでは特定の学校のみに届けられていた求人をインターネット上で公開してより多くの生徒が応募できるようにしたり、一人の生徒が同時に複数企業に応募することが一定の時期になればできるようにするといった新たな方式が取り入れられた。また、応募前に複数企業を見学したり、あるいは2年生時など早い時期にインターンシップを経験させたり、職業人の講話などを取り入れて意識啓発を図るキャリア教育の導入がすすめられた。

しかし、**図表3**にみるとおり無業者比率は性別と学校の職業教育の種類によって異なる。すなわち、男性では普通科で高く工業科では一貫して低いし、女性では逆に普通科で低く農業科や家庭科、商業科のほうが高い。工業科で無業率が低いのは、高卒者への求人が製造業、生産工程の仕事への偏りを強めていることが関係する。こうした求人は工業高校へ集中する。工業教育が労働力需要に見合った職業教育として評価されているということである。一方、女性の職業教育で多いのは商業であるが、事務職や販売職の求人が新卒であれば高等教育卒業者に、あるいはアルバイトやパートを活用する仕事にと企業の採用行動が変わったことが無業者増加の背景にあろう（ただし、伝統的な商業高校では地元の企業からの事務職求人をこれまでの信頼を基に確保している場合も少なくなく、学校間の差が大きい）。教育内容・カリキュラムのレベルでの労働力需要との接続を改めて検討すべきである。

日本では職業教育を受ける生徒は90年代初めには高校生の25％程度、最近では20％程度まで減少し

図表４　都内在住の若者（18 ～ 29 歳）の学歴別職業キャリア

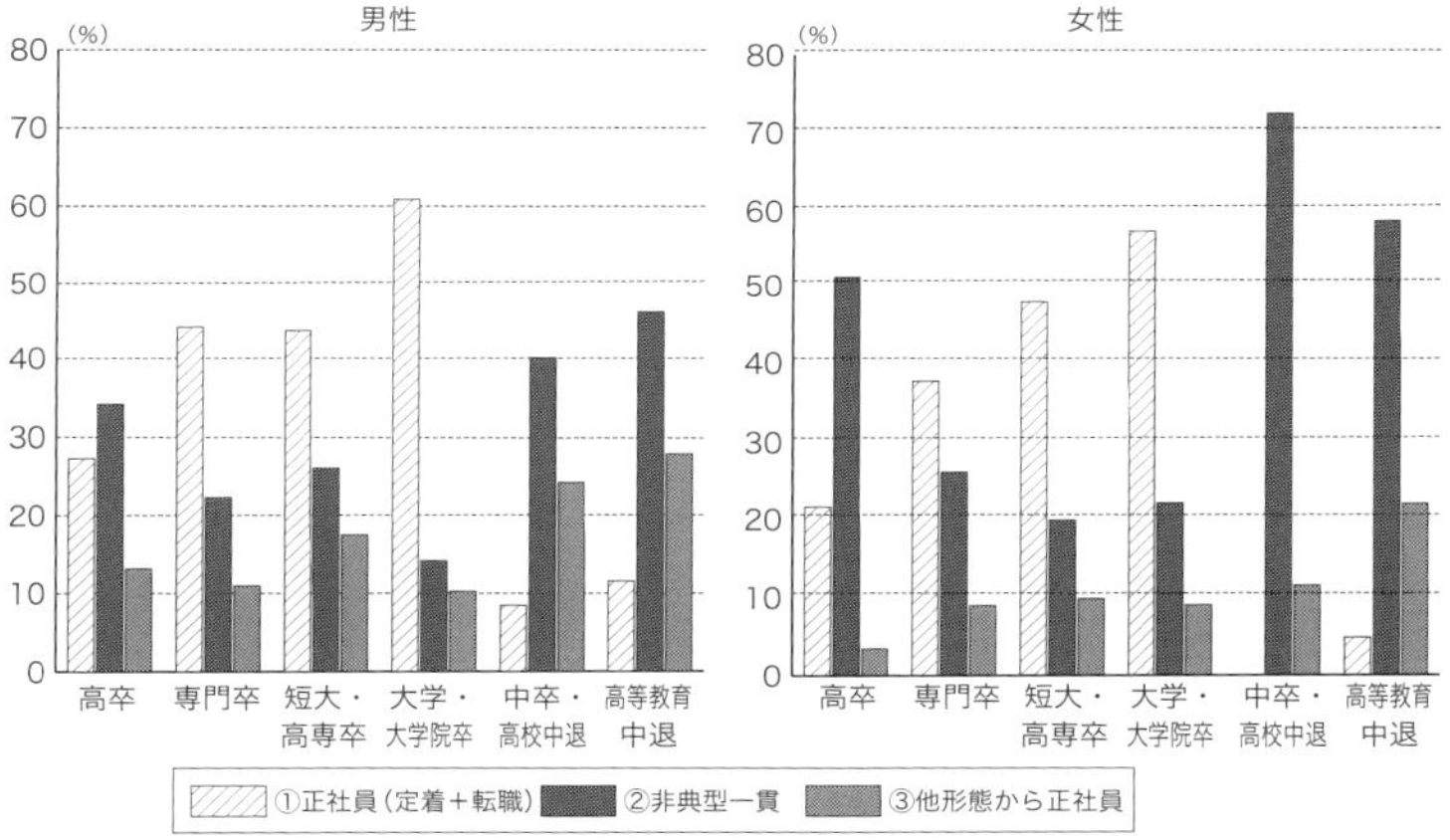

出所：労働政策研究・研修機構［2006］

ている。高卒就職者の４割が、また高卒無業者の８割が職業教育を受けていない。かれらが新卒者を「育てる」企業にうまく接続していなければ、職業的な自立への道はいっそう困難だろう。

職業キャリアと教育

学校卒業時点だけでなくその後の就業状況がどう変わったか、時間的経過をとらえなければ、自立の課題は明らかにならない。そこで、学校を離れた後の若者たちの職業キャリアがどのように展開されているか、実態調査を基に整理してみよう。**図表４**は都内在住の若者（18～29歳：学生と専業主婦を除く）を対象に行った調査から、学校卒業（中退を含む）後、調査時点までどのような就業形態で働いてきたかに注目して、キャリアのパターン化を試みたものである。ここでは、主なパターンとして次の３つを抽出して示している。①

卒業直後に正社員として就職し、途中転職があったとしても正社員のみを経験し、調査時点も正社員として働いている「正社員キャリア」、②卒業直後は無業かアルバイトなどの正社員以外の雇用、家業従事などで、調査時点もアルバイトなどの正社員以外の雇用形態である「非典型一貫キャリア」、③卒業直後はやはり無業や正社員以外の雇用などであったが、途中から正社員になり現在は正社員である「他形態から正社員キャリア」、の3つである。

図表4では、性別・学歴別にこの3つのキャリアの人がどの程度の比率を占めているかをみている。男女それぞれ図の左側は学校卒業者について学歴別にみたもので、①の正社員キャリアの比率が高いのは、男女とも、高等教育卒業者（大卒・大学院卒、短大・高専卒、専門学校卒）であり、高卒では②の非典型一貫キャリアのほうが多い。③の他形態から正社員になるキャリアはほぼ1割前後だが、女性の高卒者では少ない。高卒者は初職で正社員以外の雇用形態である比率が高いが、男性の場合は後にそのうち3割程度は正社員に移っている。一方女性では正社員に移った者はごく少なく、高卒男女のキャリアの分布は大きく異なる。

さらにそれぞれの図の右側は学校中退者である。高校中退（中学卒を含む）にしろ高等教育中退にしろ、①はごく少なく②が多い。男性では③の途中から正社員に変わるケースも少なくなく、初職が正社員以外だった者のうち4割程度になる。女性では高等教育中退の場合は正社員に変わる経路があるようだ。学校を中途退学という形で離れると、新規学卒ではないのだから、企業の新卒採用の枠にはあてはまらない。だから最初の仕事で正社員というわけにはなかなかいかない。経験を積んで正社員に移っていく経路は一定程度はありそうだが、高校中退の女性ではごく少ない。

さらにここにはデータを示していないが、この調査は２００１年にもほぼ同じ形で実施しているので、その結果と比較して変化をみた。すると、大卒の若い世代では就職環境の改善を反映して、２００６年のほうが正社員キャリアの比率が高まっていた。しかし、高卒の場合は２００６年のほうが非典型一貫キャリアの比率が高まり、正社員キャリアも途中から正社員に変わるキャリアも減少していた。学歴間の差がさらに開いていた。

低学歴、女性という２つの要素が非典型一貫キャリアを特徴付ける属性である。女性という点をどう考えるかは少し複雑である。先にみたとおりパートやアルバイトという働き方が低賃金で能力開発機会に乏しいことから、非典型一貫キャリアでは自立は難しいといえるが、（主に女性の場合）主たる稼ぎ手であるパートナー（夫）をもつことで夫婦という単位でみれば自立している場合も少なくない。親の家計に支えられた子がこうした働き方を続ける場合と、夫婦としては自立している場合とで、非典型一貫キャリアに対する評価（自立の側面からの評価）は変わってこよう。働くことで自立した生計を立てることを、夫婦という単位でとらえることは、今の社会ではごく普通のことである。ただし、結婚が必然のことではなく、未婚・離婚もまた普通に存在することも今の社会の現実であるし、主たる稼ぎ手の稼ぎが十分なものとならない可能性も高い。少なくとも専業主婦となることを予期して学校卒業時に非典型一貫キャリアを選ぶことは、相当のリスクをとった選択といえる。

地域による若者の職業キャリアの違い

高卒以下の学歴であることが正社員としての就業機会を狭めており、学歴間格差が拡大しているという事態については、地方での調査を追加して行ったことで少し違う意味がみえてきた。

高卒就職の状況は地域間の差が大きい。特に地場の製造業の存在が高卒以下の人の就業状況を左右する大きな要因ではないかと考え、東京都との比較を念頭に、長野県（長野市、岡谷市等、製造業求人が多い地域）と北海道（札幌市中心、製造業求人が少ない地域）の2地点で、20〜34歳層（学生と専業主婦を除く）に対して東京での調査と同様の調査を行った。この調査では、学校時代の職業教育の影響も検討できるよう、調査票は最終学歴での専攻を把握できるように設計した。

この結果から東京での調査と同じように3つのキャリアパターンを抽出し、（年齢を20〜29歳にそろえて）3地域を比較すると、全体としては、①の正社員キャリアの人は、長野は東京より約10ポイント多く、北海道は東京より約10ポイント少ない。②の非典型一貫キャリアの人は、長野は東京より約10ポイント少なく、北海道は約10ポイント多い、③の後から正社員になるキャリアは3地域でほとんど同じ程度であった。産業構造の違いがあって雇用形態の違いがあり、そこで個人のキャリアが異なるという関係だろう。

図表5では長野と北海道を対比する形で学校種別に3つのキャリアパターンの分布をみた。まず、学

図表5　地方の若者（20～34歳）の学歴別職業キャリア

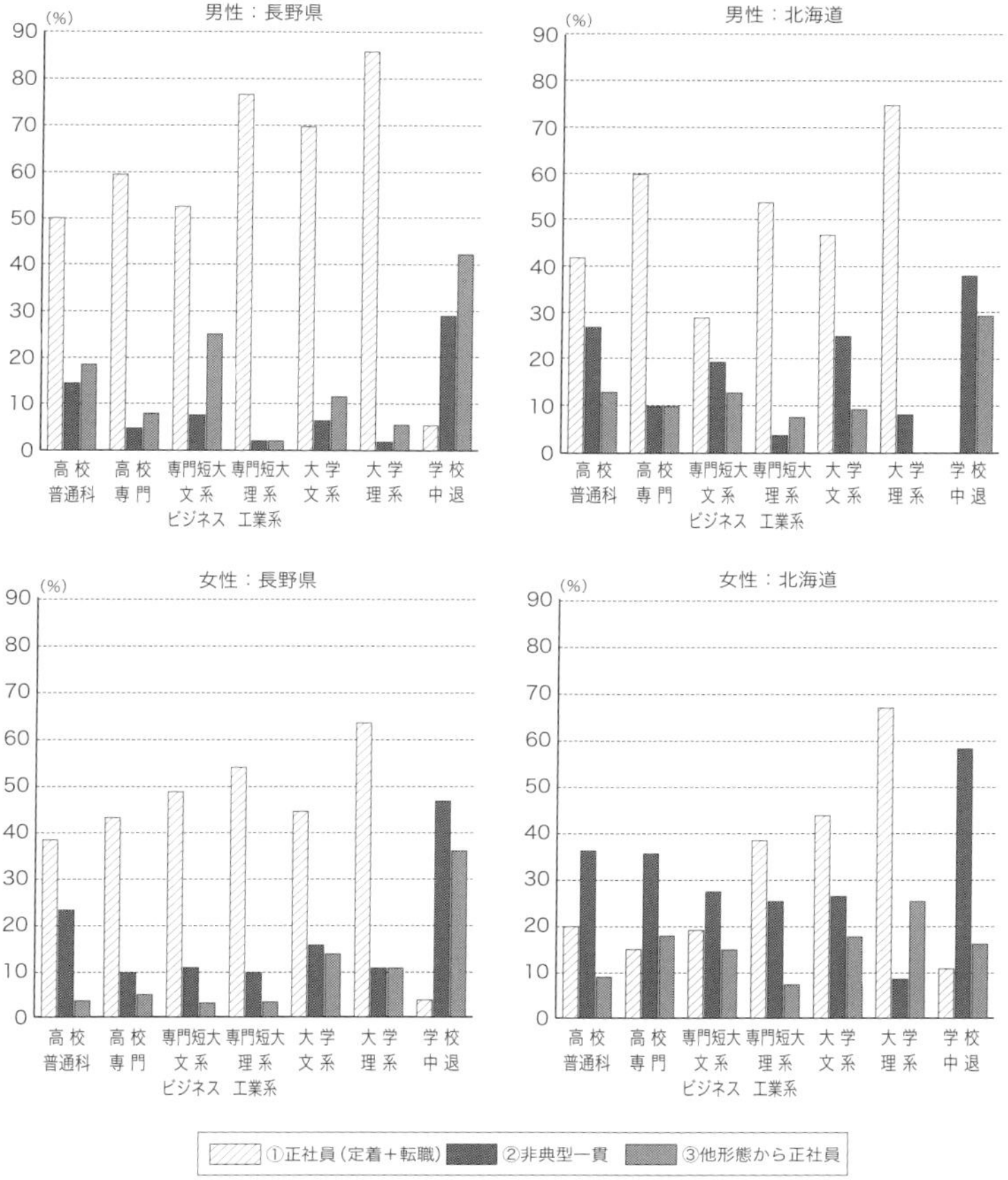

出所：労働政策研究・研修機構［2009b］

校中退者については、いずれも①の正社員キャリアがほとんどなく、②の非典型一貫や③の途中から正社員になるキャリアが多く、この点は東京調査の結果と同じである。女性のほうが正社員に移るキャリアが少ないことも共通しているが、北海道の場合が特に少ない。地域の労働市場の状況がこの差を作っているのであろう。

　卒業した学校種別には、全般には学歴が高いほうが①の正社員キャリアが多いという東京と同じ傾向はあるものの、北海道の男性の場合をみれば、大学文系卒業者は高校専門学科卒業者より、明らかに①が少なく②が多く、高校普通科卒業者とほぼ同じキャリア分布である。また、専門学校や短大の文系・ビジネス系ではさらに正社員キャリアは少ない。この点だけからいえば進学によって正社員キャリアに乗りやすくなるわけではない。

　全体に共通する傾向としては、同じ学歴水準で比べると理工系や資格系、あるいは専門学科のほうが、人文・ビジネス系や普通科より正社員キャリアに乗りやすい。職業教育、職業に結びつきやすい専門性が正社員キャリアと結びついている。

　東京調査で高等教育への進学が就業機会の拡大に大きな意味をもってみえたが、そこには地域の産業構造があった。地元の製造業求人が一定水準あるなら、高卒で正社員キャリアに乗る人は多い。東京型の産業がより高学歴者を求めているということだろう。地域の産業構造に見合った職業教育、専門教育が若者の職業的・経済的自立の上では重要だといえる。一方、地域産業の衰退が著しければ、その地での自立はやはり困難だろう。

この調査からはこの他、早期離職の問題点も明らかになった。いわゆる「7・5・3問題」ということだが、筆者としては個人のキャリア形成の上では、問題は離職そのものではなく、その後のキャリア形成が難しくなる場合だと思っている。より好ましい職に転職することは若者にとっても「職業選択の自由」である。この調査から明らかになったのは、初職を1年未満で早期離職した場合は、その後も正社員と非正社員の間を行き来する、あるいは非正社員のまま長くとどまる可能性が高いということである。一方、就職後3年以上経てから離職したケースでは、次の仕事も正社員である比率が6割と高い。就職先を1年未満で辞めることは、キャリア形成上のリスクを高めるといえるだろう。

自立困難な若者の問題への対応

本章での検討から、自立の困難さを抱えやすい要因として、学校中退の経験、地域の産業構造に見合った職業教育・専門教育の不在、あるいは産業の衰退してしまった地域、1年以内の早期離職、女性であることの制約などがみえてきた。

正社員には長時間労働の問題があるし、また、正社員だからといって能力開発機会や賃金上昇が約束されているわけではない。あくまで平均的な水準を比べればアルバイトやパートの賃金水準等が低く、そこに長期にとどまっていれば自立した生活が困難だというだけである。それでも社会的な対応を考える時には、平均的な水準での議論は有効であろう。

何にどう対応すべきなのか。まず、中途退学や早期離職というこれまでの学校から企業へ、そして企業内での育成という経路から外れてしまったケースに対して、その経路以外でも職業能力をつけて自立した生計を立てることにつながる道路を整備するという対応がある。それには、新たな経路に導く相談プロセス、職業能力をつける教育訓練、教育訓練期間を支える経済支援、労働力需要側から信頼される能力評価など、一連の整備が必要になる。中途退学などの場合は、これまでの経路から外れた個人を発見することから始める必要もあるし、個人の状況によっては、職業能力をつけて自立するにはかなり時間も手間もかかる場合もあろう。これらの方向をもった政策はいくつもあるが、例えば、実践的な職業訓練と評価が伴うジョブ・カード制度や無業期間の長い若者の自立支援を行う地域若者サポートステーション事業、あるいは「子ども・若者育成支援推進法」にのっとった子ども・若者支援の事業などがある。これらを学卒就職の経路と並立する自立への他の経路としてみえやすい形で位置付けていくことが重要であろう。

学校教育と地域の産業とをどう関連付けるかも、重要な対応だろう。一部の学校で取り入れている産学連携教育のプログラムやキャリア教育として浸透してきているインターンシップ、教員の職場体験などが考えられる例である。ただし、それは産業界から要請をそのまま受け入れるというのではなく、企業に対しても基礎から積み上げていく教育プロセスへの理解を促す相互の交流であるべきだろう。誘致企業はいつ海外移転するかわからないし、為替レートの変動が一夜にして経営環境を変えたりする。企業アンケートで求める人材像を描いてもらうというより、授業の一部を担ってもらうなどの相互理解・

協力の関係を築いて地域の人材をともに育てていくことが重要だろう。

[注]

（1）「就業構造基本調査」では収入はレンジで把握されているので、各レンジの中央値を変数値として平均値を求めている。

[文　献]

内閣府男女共同参画局・生活困難を抱える男女に関する検討会［２０１０］『生活困難を抱える男女に関する検討会報告書――就業構造基本調査・国民生活基礎調査特別集計』

宮本太郎［２００９］『生活保障――排除しない社会へ』岩波書店

労働政策研究・研修機構［２００６］『大都市の若者の就業行動と移行過程――包括的な移行支援にむけて』

――［２００９ａ］『若年者の就業状況・キャリア・職業能力開発の現状――平成19年版「就業構造基本調査」特別集計より』

――［２００９ｂ］『地方の若者の就業行動と移行過程』

OECD [2000] *From Initial Education to Working Life*, OECD.

Ryan, P. [2001] "The School-to-Work Transition: A Cross-National Perspective," *Journal of Economic Literature* Vol. XXXIX, pp. 34-92.

第2章　自立に向けての高校生の現状と課題

藤田晃之

はじめに

「最近の若者は……」という嘆き節は、いつの時代でもオトナの口癖であるらしい。古代エジプトや古代ローマの遺跡などからも、表現は多様であるものの「今時の若者」への苦言を呈した記録が少なからず出土しているという。

無論、近年の日本も例外ではない。テレビの情報番組では、その論調を煽るかのように、若者の現時充足的かつ享楽的な意識・行動が報じられることが少なくない。中でも高校生、とりわけ女子高生の言動には高い関心が示されているようだ。そして、それらの映像の後に、「この子たちは将来なんて考えていませんから……」とコメンテーターの言葉が添えられることも、番組進行上の半ば常套手段と化している。(1)

図表１　中学生の悩みや心配事

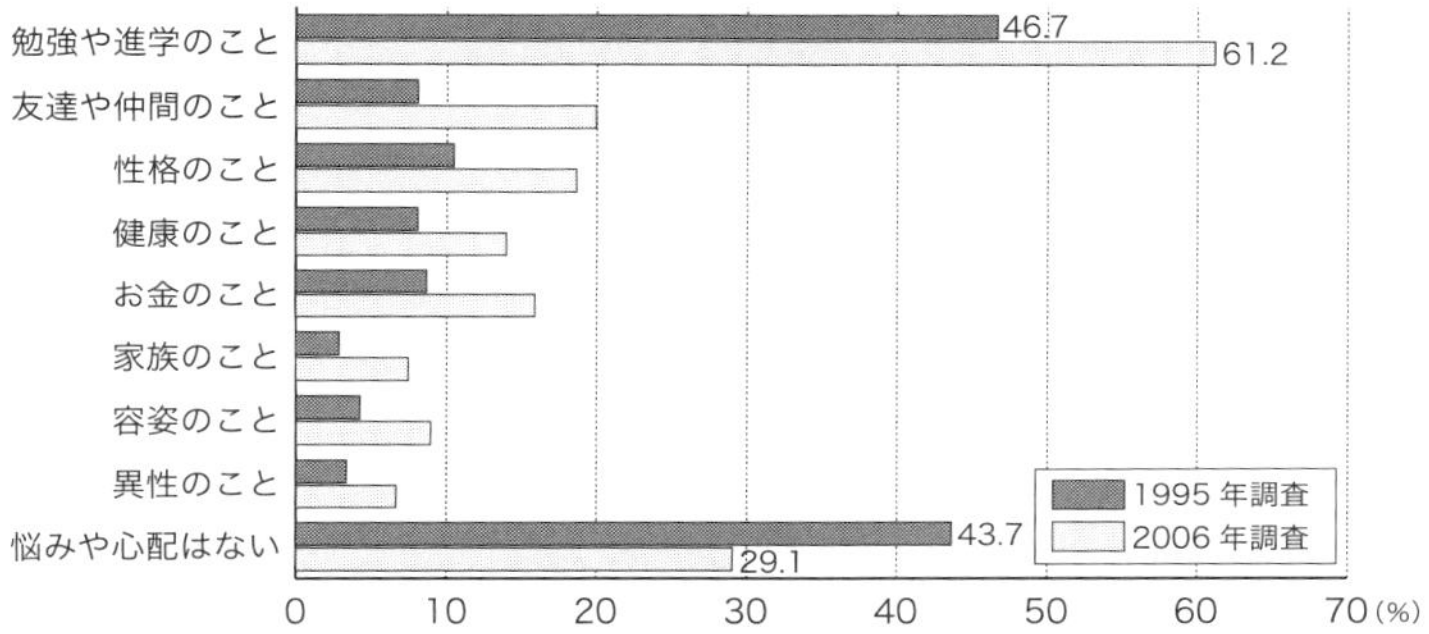

出所：内閣府「低年齢少年の生活と意識に関する調査」［2007］

今が楽しければそれでよいという風潮は、高校生たちに本当に蔓延しているのだろうか。

まずは、各種の調査結果に基づきながら、自らの将来や社会的・職業的自立に関する高校生の意識に迫ってみよう。

データが示す高校生と自立

将来への高い関心と不安

はじめに、中学生の悩みに関する内閣府による調査結果に注目する（**図表１**）。１９９５年と２００６年に実施された調査における同一内容の設問に対する回答結果からは、①悩みを抱える中学生が全般に増加していること、②自らの将来にかかわる「勉強や進学」について悩む中学生は１９９５年の時点で既に多く、２００６年時点ではその数が一層増えていることが読み取れる。今楽しければそれでよいと考えている中学生は決して多くはないし、彼らはこのような悩みを抱えたまま高校に入学するのである。

図表２　高校生が進路を考えるときの気持ち

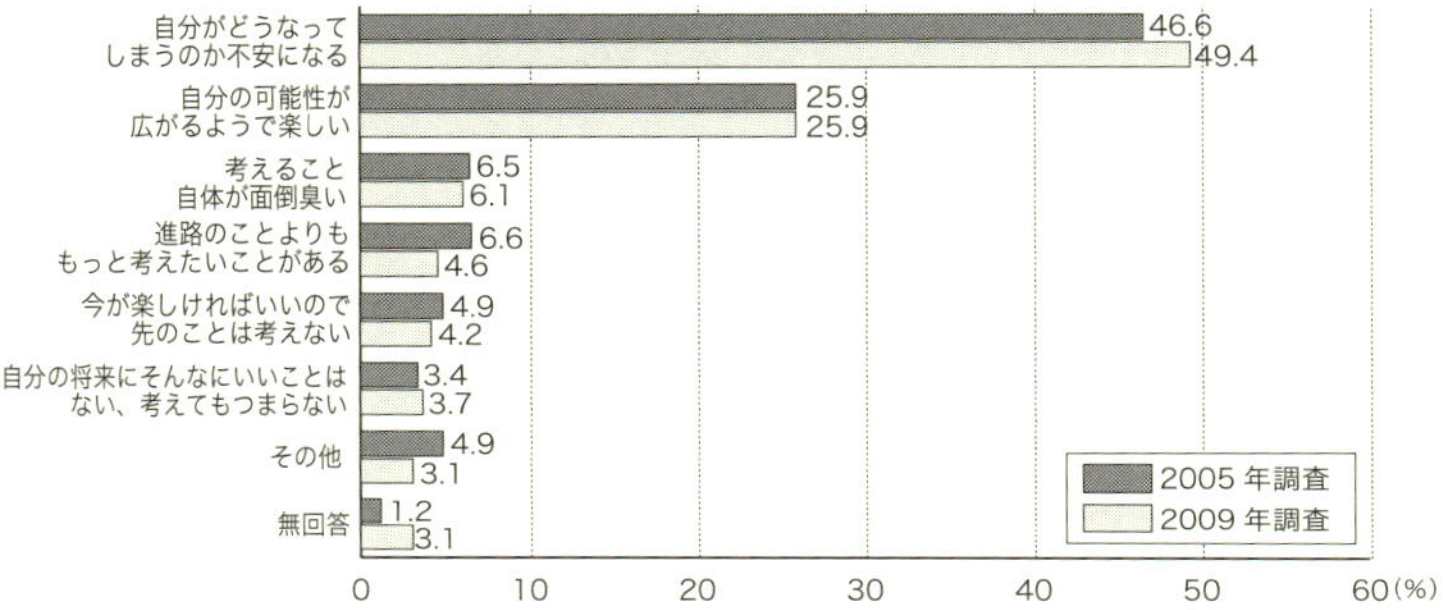

出所：社団法人全国高等学校PTA連合会・株式会社リクルート「キャリアガイダンス」合同調査「高校生と保護者の進路に関する意識調査」第２回報告書［2005］および第４回報告書［2009］

次に、高校生に「進路を考えるときの気持ち」を尋ねた別の調査結果を見よう（**図表２**）。「考えること自体が面倒臭い」「今が楽しければいいので先のことは考えない」等、将来を思い悩むことを放棄したとも解釈できる回答は極めて少なく、自らの将来に関心を持ちつつも不安感を抱く高校生が多いことが示されている。

私たちは、悩む苦しさを回避し刹那的な楽しさを求めているというステレオタイプの高校生像からまずは脱却する必要がありそうだ。

具体的将来展望の揺らぎ

ここで、将来就きたい仕事に関する高校生の意識に目を向けよう。小・中学生との比較をしつつ、高校生の将来展望に迫ってみたい（**図表３**）。

まず特徴的なのは、将来就きたい仕事が「わからない」と回答する小・中学生の割合が、約10年の間に、男子・女子とも大幅に減少したことであろう。近年、急速に普及しつつあ

図表３　将来就きたい仕事（小学生・中学生・高校生）

	小学生男子		小学生女子	
	1995 年調査	2006 年調査	1995 年調査	2006 年調査
1 位	スポーツ選手（25.3%）	スポーツ選手（33.6%）	幼稚園や小中高等学校の先生（12.3%）	獣医、動物飼育、ペット屋など（11.0%）
2 位	会社員（5.6%）	医者、歯科医、薬剤師（4.8%）	看護婦、保母など（9.7%）	幼稚園・保育園の先生（保育士）（9.9%）
3 位	商店主など自営業者（3.6%）	学校の先生（3.7%）	画家、音楽家、作家、マンガ家など（9.2%）	パン屋、ケーキ屋、花屋（9.2%）
わからない	38.2%	17.6%	37.2%	14.9%

	中学生男子		中学生女子	
	1995 年調査	2006 年調査	1995 年調査	2006 年調査
1 位	会社員（8.8%）	スポーツ選手（14.0%）	看護婦、保母など（13.8%）	幼稚園・保育園の先生（保育士）（11.8%）
2 位	スポーツ選手（8.5%）	会社員（6.1%）	画家、音楽家、作家、マンガ家など（9.3%）	看護師、介護福祉士（10.4%）
3 位	プログラマー、建築士、通訳など（7.6%）	コンピュータ関係（5.9%）	幼稚園や小中高等学校の先生（8.2%）	画家、デザイナー、写真家（5.5%）
わからない	44.5%	23.7%	37.5%	16.1%

	高校２年生男子		高校２年生女子	
	2005 年調査	2009 年調査	2005 年調査	2009 年調査
1 位	公務員（国家・地方）（8.7%）	製造・加工・組立などのものづくり（8.9%）	保育士・幼稚園教諭（7.7%）	看護師（7.5%）
2 位	技術者・研究者（5.6%）	公務員（国家・地方）（6.9%）	看護師（5.7%）	保育士・幼稚園教諭（6.9%）
3 位	教師（4.7%）	整備士（3.6%）	教師（4.1%）	教師（6.4%）
就きたい仕事はない、考えたことがない	38.3%	41.1%	26.6%	24.8%

出所：小学生・中学生については、内閣府『低年齢少年の生活と意識に関する調査』2007年。高校生については、社団法人全国高等学校 PTA 連合会・株式会社リクルート「キャリアガイダンス」合同調査「高校生と保護者の進路に関する意識調査」第２回報告書［2005］および第４回報告書［2009］。

るキャリア教育の成果の一端が示されているとも推測される結果である。

その一方でこの表は、上級学校に進むに従って、将来就きたい仕事が「わからない」「ない」等と回答する割合が高まることも示している。小学生の頃に描いた空想的な夢から脱却した後、将来について悩みながらも、自ら進むべき道を見いだし得ないままの状況となっている中学生・高校生は少なくない。そして、その傾向は、身体的な成熟が進み、社会的・職業的に自立すべき時期が近づけば近づくほど強まっている。

しかも、高校生の多くにとって、自らの将来を考えたときに目指すべき人あるいはあこがれている人が存在しないという調査結果も出ている［社団法人全国高等学校ＰＴＡ連合会・株式会社リクルート２００９］。高校生の大多数は自らの将来に関心を持っており、そのうちの多くは将来への不安感を抱えているにもかかわらず、自分もそうなりたいと思えるモデルがいないのである。

このような現状は、保護者や教員を含めた私たちオトナ側が本来提供すべき情報や指導・支援が不十分であることによってもたらされたものではなかろうか。高校生の関心に応え不安感を軽減するために必要な、体験的な活動、客観的な情報、その他適切な指導・支援が、不足しているのが現状のようである。

働くことへの気がかり

では、高校生に強く見られる将来への不安の具体的な内容とは何だろう。ここでは、その一例として、

図表４　高校生の働くことについての気がかり

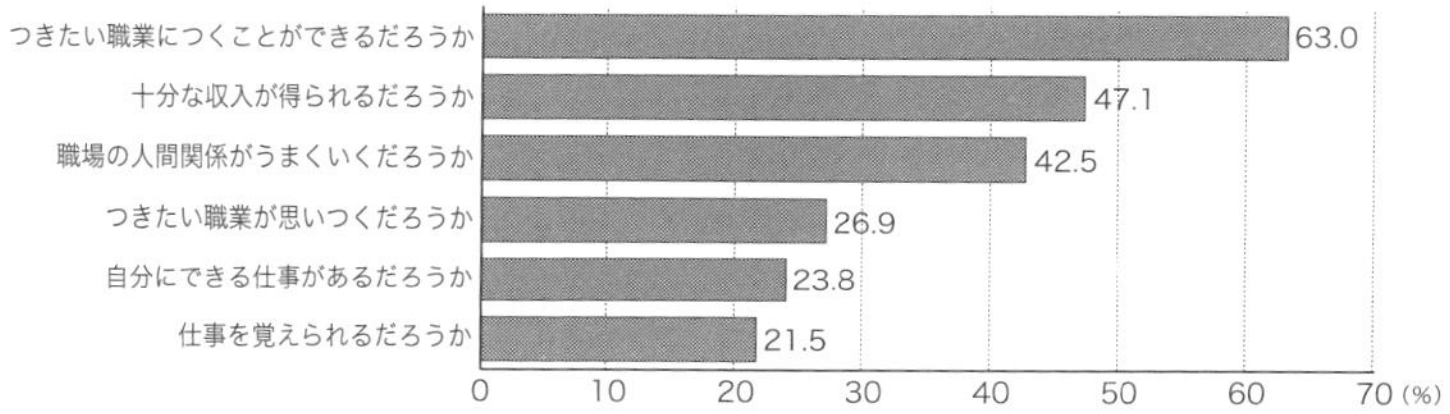

出所：社団法人全国高等学校 PTA 連合会・株式会社リクルート「キャリアガイダンス」合同調査「高校生と保護者の進路に関する意識調査」第４回報告書［2009］。20％以上の項目のみ抜粋。

先に引用した高校生対象の調査によって示された「働くことについての気がかり」に注目する（**図表４**）。近年の国際的な金融不安による不況や、厳しい若年者雇用の状況等を背景として、「つきたい職業につくことができるだろうか」（63・０％）、「十分な収入が得られるだろうか」（47・１％）が多く挙げられているが、「職場の人間関係がうまくいくだろうか」を挙げる回答が42・５％に達したことも看過できない。

なぜなら、高校生の半数近くが抱く「人間関係」への不安は、高校卒業後の職業への移行や移行後の円滑な生活を妨げる要因として実際に現象化しているのである。例えば、新規高卒就職者が３年以内に離職した理由を見ると、「仕事があわない、つまらない」（約26％）、「人間関係が良くない」（約18％）が上位を占めており［内閣府　２００４］、高校生が不安に感じていることともほぼ重なっている。また、高等学校を中途退学する理由として、学校生活への熱意の欠如や人間関係をめぐる課題が指摘されており［文部科学省　２０１０］、大学等の学生相談についても人関関係に関する相談件数が多く、近年増加してきていることが報告されている［日本学生支援機構　２００９］。

高校生が将来を考えるときの不安、高校就職後の早期離職、高校中

図表5　現在の学習と将来とが結びつかない高校生

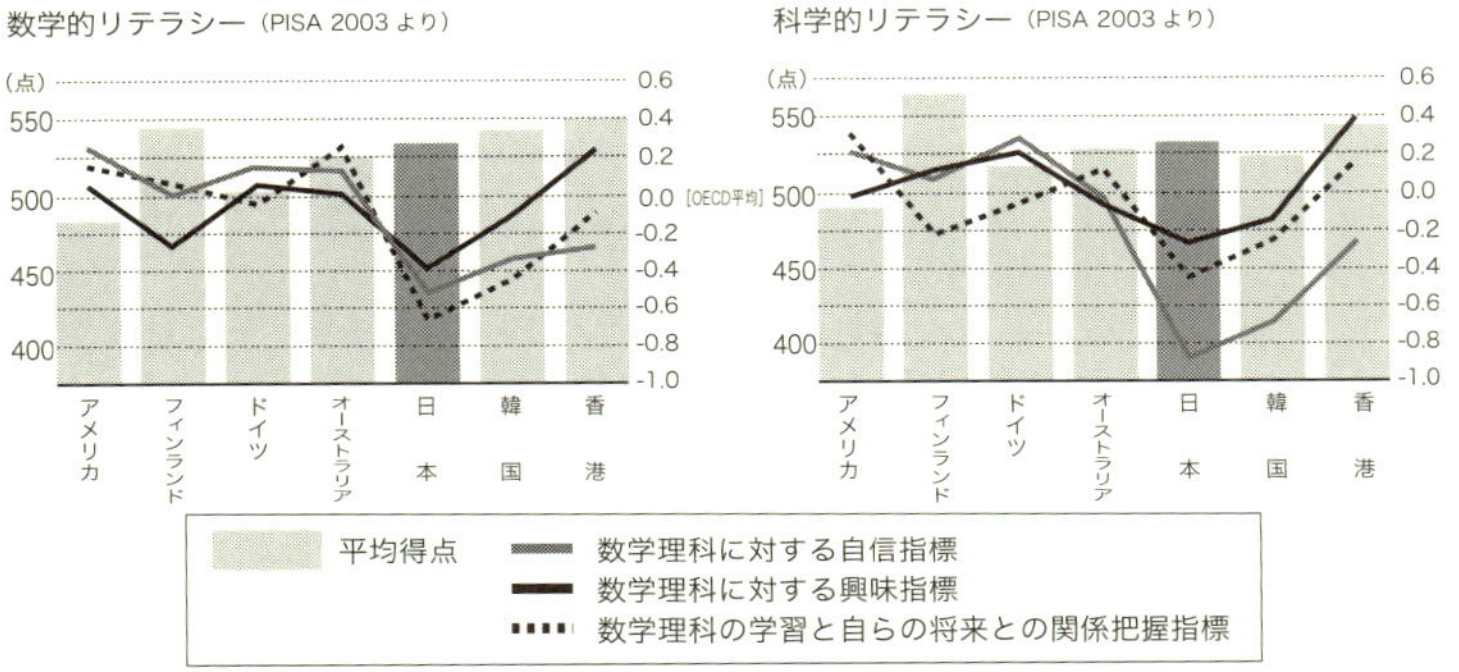

出所：国立教育政策研究所生徒指導研究センター「自分を社会に生かし、自立を目指すキャリア教育」［2010］

退の理由、学生等の相談内容に共通して、人間関係・対人関係をめぐる問題が浮上してきていることは極めて興味深い事実ではなかろうか。

現在の学習と将来との断絶

このように、将来に対する不安感を抱えつつ、その展望もできずにいる高校生たちであるが、彼らは自分たちの「今」にも充足し得ていない。しかも、「今」と「将来」との関係が見えずにいる。

高校生にとって、学ぶことは「今、中核的にすべきこと」である。学習は「高校生」としての社会的アイデンティティを構成する主要な要素であるし、圧倒的多数の高校生が在籍する全日制の高校では授業が占有する時間も長い。しかし、高校生たちの多くは学びの醍醐味を感じず、将来との関係も見えず、砂をかむ思いで学んでいるのである。ここでは、OECD（経済協力開発機構）が15歳児（日本では高校1年生）を対象に実施する国際調査、PISA（Programme for

International Student Assessment：生徒の学習到達度調査）の結果に注目し、数学的リテラシーと科学的リテラシーの平均得点と、数学・理科の学習に関する「自信指標」「興味指標」「自らの将来との関係把握指標」について、日本を含む7カ国を抄出して比較してみよう（**図表5**）。

日本の高校生の成績はおおむね良好であるが、教科学習への自信や興味、自分の将来のために教科学習に励もうとする気持ちは、調査国・地域の中でも最底辺に位置するのである。

高校から職業への移行と移行支援の現状と課題

このような高校生は、どのように職業へと移行していくのだろうか。ここからはしばらく、高校から職業への移行と移行支援の現状と課題を整理していきたい。

高校から職業への移行の現状

１９６０年代の前半、高校卒業生の６割以上は卒業後すぐに就職していた。しかし、現在ではその割合が15％台となり、１９６１年に記録されたピーク（64・０％）との差は50ポイント近くある（次頁**図表6**）。また、就職者の全体に占める高卒者の割合についても、１９６０年代には約６割あったものが、今日では2割にまで減少している。

さらに、新規高卒就業者の職業別構成もこの数十年の間に大きな変容を遂げている。例えば、

図表6　学校種別就職率の推移

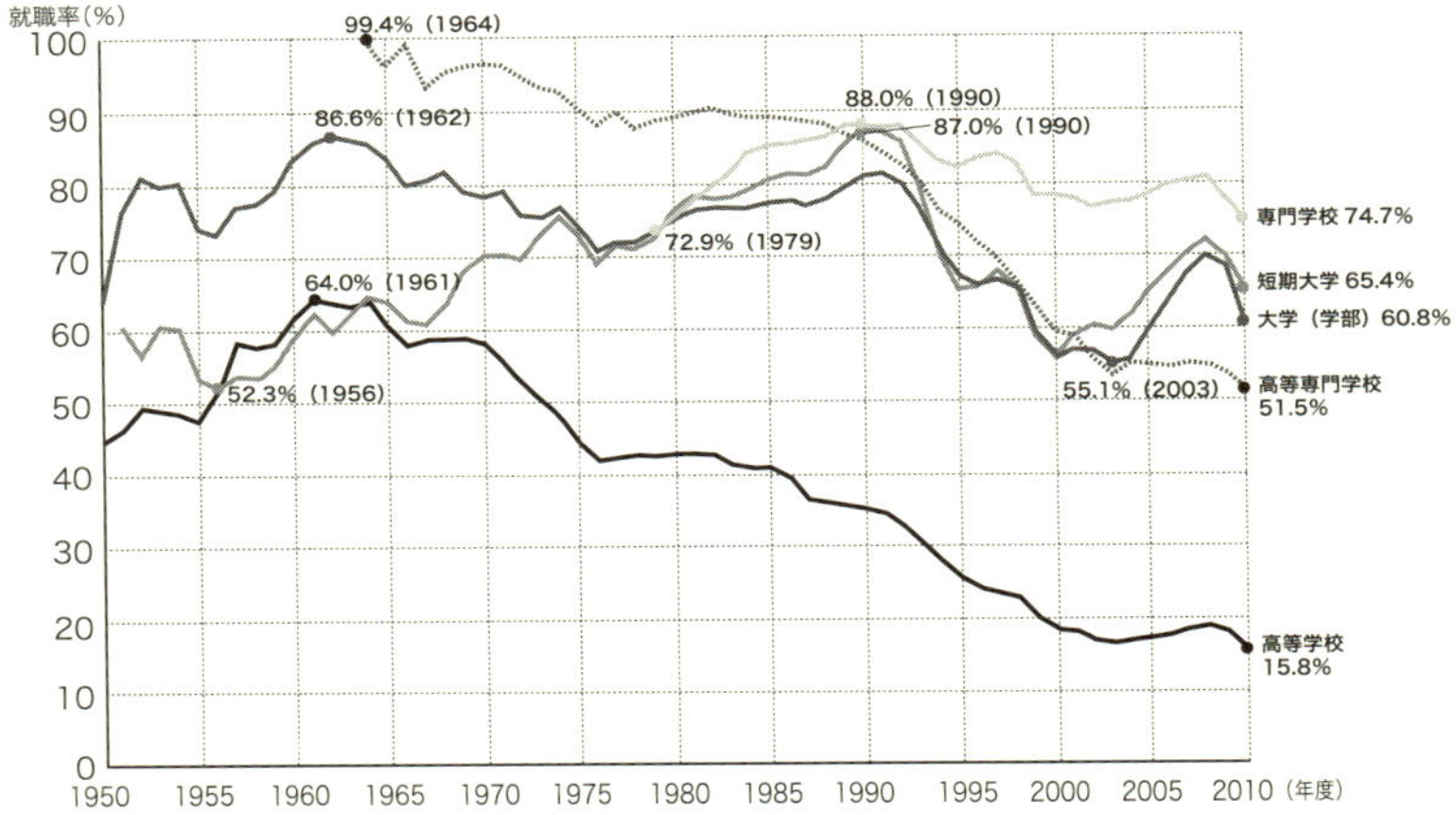

注：就職率は、各学校段階卒業後すぐに就職した者の割合を示す。
　　就職者数には、一時的な職に就いた者は含まない。
出所：文部科学省「学校基本調査」

１９７０年当時高卒就業者の34％を占めていた「事務従事者」は２０１０年には10％にまで減少した。一方で、「サービス職業従事者」は４％から18％以上にまで割合を増やしている。しかし、このような変容に、高等学校の学科構成が柔軟な対応をしているとは言い難いのが現状であろう（**図表7**）。

加えて、いわゆる「バブル経済」の崩壊の後、20歳から24歳までの就業者に占める正規雇用の比率が低下し、高等教育機関を卒業した者に比べて新規高卒就業者は厳しい状況に置かれている[2]。中でも普通科卒業者はとりわけ困難な状況に直面しているのが現実である[3]。

さらに高校を中退した場合、非典型一貫型、すなわち卒業直後も正社員ではなく、その後も非正社員のまま就労を続ける若者の割合が高く、特に女性にその傾向が強く見られることを

図表７　高等学校生徒数の学科別構成比（上）と新規高卒就業者の職業別構成推移

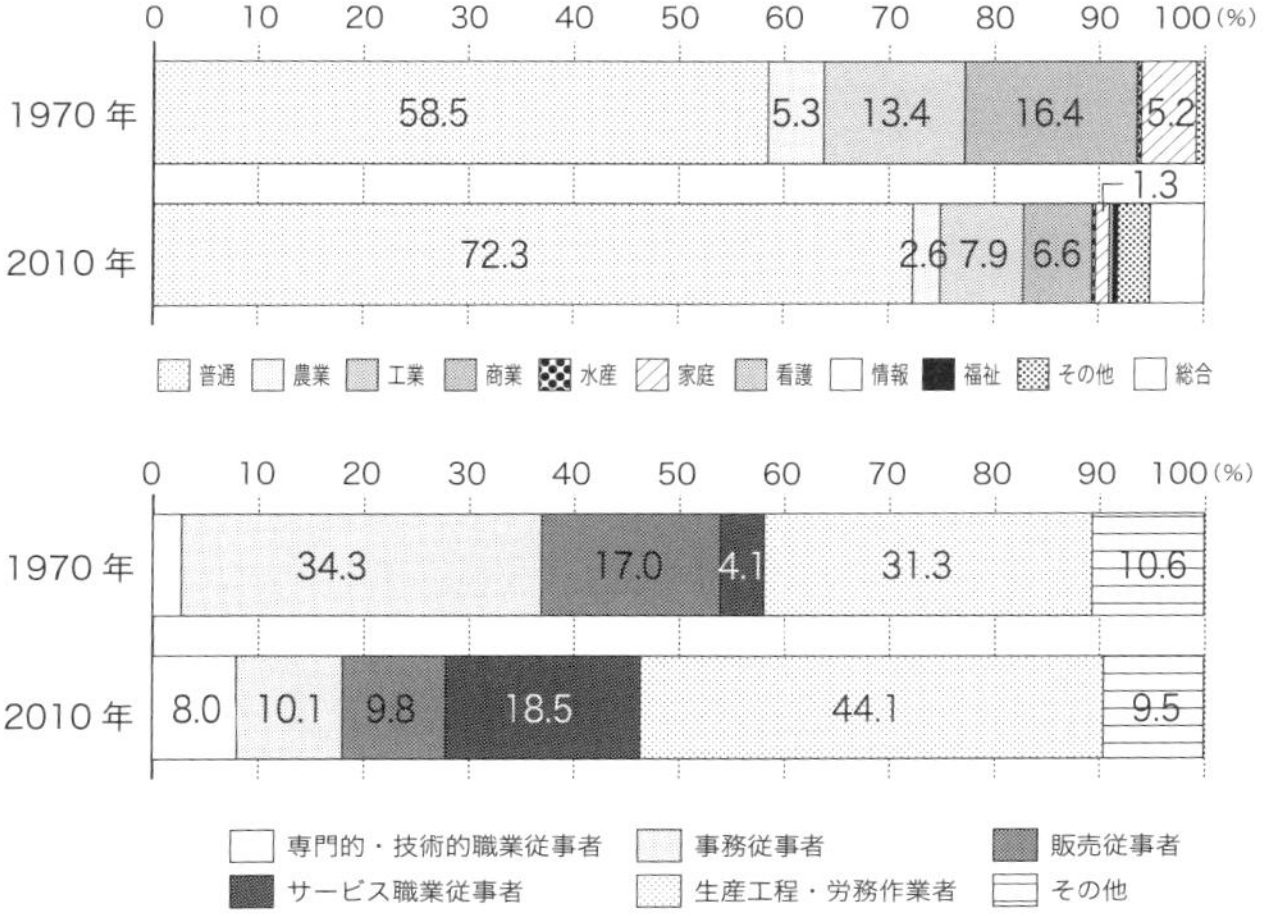

出所：文部科学省「学校基本調査」

明らかにした実証研究もなされている［労働政策研究・研修機構２００６］。

高校生に対する移行支援の現状と課題

今日、高校生における学校から職業への移行支援は、キャリア教育と職業教育がその両輪を担っている。特に「一人一人の社会的・職業的自立に向け、必要な基盤となる能力や態度を育てることを通して、キャリア発達を促す教育」と定義されるキャリア教育は、高校生に対する自立支援の中核に位置すると言えよう。

これらの現状と課題に関しては、２０１１年１月に、文部科学大臣の諮問機関である中央教育審議会が答申「今後の学校におけるキャリア教育・職業教育の在り方について」を取りまとめ、そこで総括的に整理されている。ここでは、高校生の約95％をカバーする普通科と専門学科に関する指摘に限定して、答申から引用する。

●普通科は、卒業者のうち就職する割合が40％を超えていた時もあったが、現在では高等教育機関への進学率が75％を超えている。高等教育への進学希望者の中には、将来の生き方・働き方について考え、選択・決定することを先送りする傾向が強く、多くの生徒にとって、高等学校は高等教育機関へのいわば通過点となり、進路意識や目的意識が希薄なままとりあえず進学している者がいる状況がうかがえる。

一方、普通科から就職する者も依然として多く存在しているが、学科別の就職状況を見ると、普通科は他の学科と比べて厳しい状況に置かれているのが最近の傾向であり、普通科の生徒に対し、職業に従事するために必要な知識・技能をどのように育成するかが課題となっている。

●専門学科は、昭和40年代は高校生の約４割が在学していたが、現在は約２割となっている。分野別に見ると、学科数について、商業や家庭に関する学科（いずれも最近10年で約３割減）等減少している分野がある一方、福祉や情報に関する学科（平成15年度より導入）、理数に関する学科や外国語に関する学科等職業に関する学科以外の専門学科は増加傾向にある。

専門学科卒業者の高等教育機関への進学率は年々増加し、現在約半数となっており、高等教育との接続を視野に入れた職業教育の充実が求められている。

一方、専門学科を卒業した者のうち約４割が就職しており、地域産業の中で専門学科の卒業生に対する人材の需要が存在する分野がある一方で、職業人として必要な専門的な知識・技能が高度化している分野があることや、職業が多様化しているにもかかわらず、その対応が不十分であることなどが課題として指摘されている。また、学科により就職状況に差が出ており、学科ごとの検討の必要性がうかがえる。さらに、少子化が進み、生徒数が減少する中、各都道府県では公立高等学校の再編が進められているが、普通科と比べ、専門学科が再編の対象の中心となる傾向にあることがうかがえ、専門学科が軽視されているのではないかという課題も指摘されている。

このような認識に立って、本答申は学科を問わず全ての高校において社会的、職業的自立に向けた指導の充実が必要であると指摘し、その上で、「高等学校の普通科には、多くの課題が顕著に表れている」と述べ、「特に普通科におけるキャリア教育の充実を優先的に検討していく必要がある」として普通科における取り組みの改善を重要課題に位置づけたのである。

中央教育審議会が、ここまで明示的に普通科におけるキャリア教育の推進の必要性を提示したのは、高校生の約７割が在籍する普通科でのキャリア教育実践が、専門学科や総合学科に比べて立ち後れており、改善の余地が大きいからに他ならない。

ここではその顕著な一例として、高校生の就業体験（インターンシップ）に注目する。

２０１０年現在、全日制公立高等学校におけるインターンシップの総体的な実施率は79・６％であり、これを学科別に見ると、普通科73・４％、職業に関する専門学科94・４％、総合学科93・９％となって

図表8　高校生（全日制）のインターンシップ体験率（日数については推計値、2010年度）

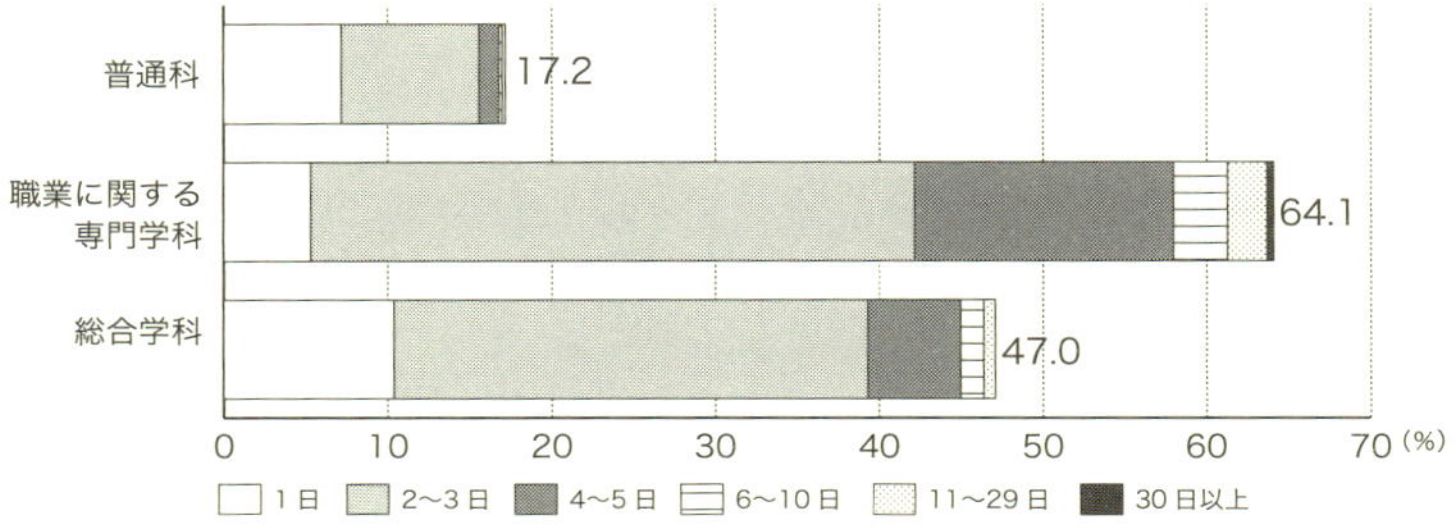

出所：国立教育政策研究所生徒指導研究センター「平成22年度職場体験・インターンシップ実施状況等調査結果（概要）」［2010］

いる。10年前の2000年においては、全体で38・9％、普通科は14・6％であったことを踏まえれば、全ての学科においてインターンシップの活性化が図られ、普通科の実施率も大幅に向上したと評価することもできる。

しかし、実際にインターンシップに参加する生徒の割合（在学中に1回でも参加した3年生の割合）を見ると、普通科17・2％、職業に関する専門学科64・1％、総合学科47・0％となり、普通科の立ち後れが顕在化する。しかも、普通科の生徒の場合、体験期間が3日以下にとどまる場合がほとんどを占め、他の学科との差は顕著である（**図表8**）。

中学校での職場体験の参加率が97％を超え、そのほぼ6割が3日以上にわたっているのに対し、普通科に進学した生徒の場合、8割以上が高校在学中に就労の現場での体験を持つことなく卒業し、体験した生徒も短期間の経験にとどまる。普通科の生徒は、中学校での職場体験を踏まえ、それをさらに深める体験が圧倒的に不足しているのが現状である。

かつて日本の企業、とりわけ大企業は、いわゆる終身雇用制を基軸とする日本型人事管理を進めてきた。そこでは、新規学卒者を一括採用し、その後、配置転換による多職種経験主義を前提とした企業内教育によって、企業に必要な人材を育成してきたと言えよう。このようなシステムにおいて、新規学卒者は「特定の職務経験も能力もない」ことが当然視され［労働大臣官房政策調査部 １９９１：72］、学校から職業への移行及びその後の自立の確立・維持のプロセスの大半は、企業が担ってきた。そういった時代においては、入社前に「就きたい職種」を想定しない方が企業人として順応性が高かったであろうし、仕事をする上で必要な能力の獲得・向上を入社後の課題として先送りすることもできた。しかし、企業における人材育成の機能が揺らぎ、若年層の正規雇用率が著しく減少する今日、高校生が自らのキャリアを積み上げ、将来に向けてさらに構築していく力を持たないまま社会に踏み出そうとしていることには、危惧せざるを得ない。

今後の方向性

欧米型の職業技能訓練の活性化は機能するか

これまで見てきたように、高卒の若者たちの不安定就労傾向は強く、就業者の職業別構成比と高校の学科構成比とのバランスも保たれていない。しかも、大多数の高校生が在籍する普通科を最終学歴とする者は、学卒一次就職においても、その後の就労においても、一層不安定な立場に置かれる傾向にある。

このような中で、普通科を縮小させ、職業に関する専門学科を拡大すべきであるとの指摘は少なくな

図表9　2010年3月卒業者の採用選考にあたって特に重視した点

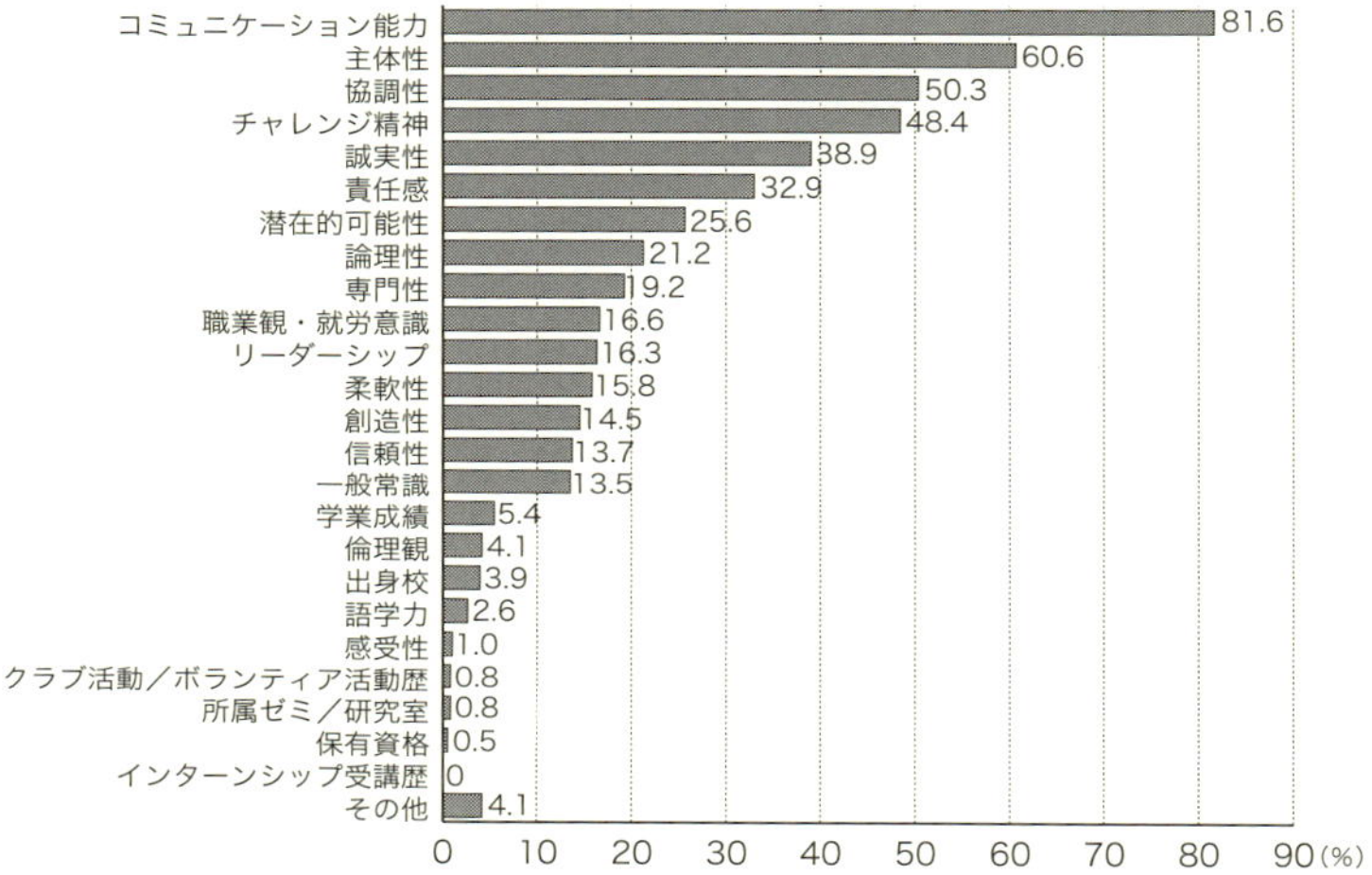

出所：日本経済団体連合会調査

い。[4] しかしながら、このような提言が高校段階における職業技能訓練の強化のみに焦点をあてた改革を意味するとすれば、現時点において、それに諸手を挙げて賛同することには躊躇を覚える。

確かに、近年、欧米はもちろんのことアジア各国においても、特定スキルの習熟・熟達度を中核とする階層構造を持った職業資格の標準化が進んでおり、それに並行して、職業技能訓練における履修点数制の導入や資格認証の改善等が、多くの国における重要課題となっている。さらに、欧州におけるレオナルド・ダ・ヴィンチ・プログラムなど、国境を超えた資格認証の枠組みの構築も世界規模で進展が見られる。

一方で、日本の企業が新規学卒者に期待するのは、コミュニケーション能力や主体性といったジェネリックな資質・能力・スキルが中心であり、専門的な資格や技能などへの期待は低い（図表9）。

終身雇用制や年功序列型の賃金体系を基盤としたいわゆる日本型雇用慣行が大きく揺らいでいるとはいえ、日本の企業が、欧米のように、採用に際して明確なジョブ・ディスクリプション（職務記述書）を提示するケースは希であるし、採用後の人事労務管理の基盤としてそれを活用する企業も主流ではない。欧米との比較において、特定スキルを「武器」とした転職が少ないのも、それを評価して採用に結びつける制度が企業社会に浸透していないことを示している。具体的なジョブ・ディスクリプションを前提としない雇用・人事制度が根付く国において、特定の職業技能訓練のみを強化しても、その効果は必ずしも期待できないと言えよう。

無論、焦点を絞った技能訓練の必要な分野は以前から存在し、分野によっては求められる専門的知識・技能の高度化に伴って、高い専門性を有する技術者等への期待が一層高まってもいる。しかしその事実をもって、分野を問わずに技能訓練のみに過度に傾斜すれば、雇用やその後の人事の現実、ひいては同一企業に勤め上げることを前提としてきた年金制度等との齟齬が伴うのは避けられまい。

「基礎的・汎用的能力」の育成への期待

このような状況において、先に触れた中央教育審議会答申が「分野や職種にかかわらず、社会的・職業的自立に向けて必要な基盤となる能力」として「基礎的・汎用的能力」を提示したことには注目する必要がある。

答申は「基礎的・汎用的能力」を、「人間関係形成・社会形成能力」「自己理解・自己管理能力」「課

題対応能力」「キャリアプランニング能力」の4つの能力に区分し、キャリア教育を通じて育成すべき能力の中核に据えた。高校生の多くが悩み、また、高校卒業後の職業への移行や移行後の生活を妨げる要因ともなっている「人間関係」であるが、その形成のための力を含む「基礎的・汎用的能力」を、それぞれの高校が、学校や学科の特色・地域の特徴・生徒の実態等に即して育成することの意義は十分にあるだろう。

その理由は少なくともふたつある。

まず、日本の企業が新規学卒者に期待するのは、ジェネリックな、すなわち汎用性の高い能力等であることが挙げられる。中央教育審議会は、このような企業からの期待も踏まえて「基礎的・汎用的能力」の開発をしており、高校生に対する職業への移行支援、自立支援を進める上で、「地に足の付いた」基盤として期待できる。

次に、初等中等教育と高等教育や継続教育を一貫する能力論の枠組みとしての役割が挙げられる。これまで、文部科学省は、初等中等教育段階のキャリア教育を通して育成する力を「職業観・勤労観を育む学習プログラムの枠組み（例）」[5]に位置づけて提示してきた。しかし、本「枠組み（例）」は、高等学校までの想定にとどまっているため、生涯を通じて育成される能力という観点が薄く、社会人として実際に求められる能力との共通言語となっていないという問題を抱えていた。一方で、大学生等を中心に想定された能力論（厚生労働省による「就職基礎能力〈事務・営業の職種について企業が若年者に求める力〉」、経済産業省による「社会人基礎力〈職場や地域社会で多様な人々と仕事をしていくために必要な基礎的な力〉」など）もそれぞれ別個に提唱されていたのである。「基礎的・汎用的能力」は、これらの能力論に改めて分析を加え、共通する要素に注目しながら再構成して提示されたものである。

今後高校では、すべての教育活動を通して、「基礎的・汎用的能力」の育成に注力する必要があるだろう。その際、いわゆる「普通教科」「職業教科」を問わずすべての教科・科目が、キャリア教育の場としての側面を有することが改めて認識されなくてはならない。これまで社会・職業との関連が薄く、実践性が伴わない教育に偏りがちであった普通教科ではもちろん、職業教科においても、特定の専門的な知識・技能の育成とともに、具体の職業に根ざしその現実に即した教育の特性を生かして、隣接する分野をはじめとする多様な職業に対応し得るジェネリックな能力や態度の育成に一層の努力が必要である。仕事に就いて働くことの現実を踏まえた教育の在り方が広く追究され、具現化されるべきだろう。

まとめにかえて

これまで見てきたように、高校生に対する自立支援は必ずしも満足し得る状況にはない。特に、普通科においては、その改善が強く期待される。

そのために、今、最も求められること――それはおそらく、企業を含む学校外諸機関と、高校との連携・協力のさらなる推進ではなかろうか。

例えば、インターンシップを実施しようとしても、生徒の受け入れ先となってくれる事業所の確保が難しいといった声は常に強い。しかしながら、企業に「教育支援活動を実施していない理由」を尋ねた調査によれば、「学校側からの支援依頼がない」が最も多い回答となっている［東京商工会議所教育問題委員会２０１０］。企業のコミュニケーション・チャンネルと学校のそれとが大きくずれている現実をここに垣間見ることができよう。

また、高校教員に限らず、教員全般に対する批判としては、「先生の多くは名刺を持っていない。企業にあいさつに来た先生が名刺もない。こんな先生方にはキャリア教育はできない」という声が少なくない。その一方で、名刺を持たない教員が多いのは、名刺交換をする機会すらないほど、学校とそれ以外の社会とが断絶してきたからである、という単純な理由に気づく人はそれほど多くはないようだ。

高校生の自立に向けた支援の責任は、はたして高校のみが担うべきものなのだろうか。

この点について、文部科学省内に設置された「キャリア教育における外部人材活用等に関する調査研究協力者会議」は、２０１１年７月に公表した「中間取りまとめ」において次のように述べている。

●そもそもほとんど全ての子どもたちは、近い将来において地域・社会へと巣立ち、何らかのかたちで我が国の社会、経済を担っていくこととなる。地域・社会や産業界は、人材育成という観点だけからしても、子どもたちの育成に、無関心でいることができない。

●より長期的に見れば、例えば、国立社会保障・人口問題研究所の予測によると、社会保障の観点から、平成22年では４人の生産人口（15歳～64歳）で一人の高齢者（65歳～）を支えていたが、平成32

年には二人の生産人口が一人の高齢者を支えなければならなくなり、加速度的に生産人口が減少することが予測されている。以上のことが現実となった場合、国を支える一人一人の力は今まで以上に重要になり、将来の日本を支える人材を育てることは、地域・社会、産業界にとっても一層重要な課題となることは自明である。

◎また地方では、地元で育てた子どもたちが高等学校を卒業した後、首都圏や大都市圏の大学に通い、地元に戻って来ないことなど、子どもたちが地元を離れていってしまうことについて、危機感を抱いている。地方社会や地方経済を支える若者を育てるため、子どもたちに、自分たちの住む地元の社会や経済の魅力について教えていくことも重要であろう。

私たちは、今、改めて、学校外の諸機関と高校との連携のさらなる推進に向けて知恵を合わせる必要がある。公共職業安定所（ハローワーク）やジョブカフェ、地域若者サポートステーションなど、若年者の就労に直接かかわる機関はもとより、一つ一つの事業所が、社会人として生活する私たち一人一人が、働きぶり・生活ぶりの現実を高校生に伝えていく必要があるように思われる。

「私たちオトナも将来は見通せないし不安だけれど、一生懸命働いているんだよ」という現実そのものが、閉じた空間としての学校には伝わりにくい。このような等身大の私たちの生き様を「腑に落ちる」レベルで高校生に伝えながら、高校生が自らの「今」と「将来」とを一貫して捉える基盤を提供し、社会的・職業的自立に向けた学びの体系の再構築に資するための連携を図るべきではなかろうか。「最近の若者は……」と眉間に皺を寄せているだけでは、状況は改善しないだろう。

[注]

（1）２０１１年3月の東日本大震災以降、情報番組の内容や方向性にも変容が見られ、若者の言動を揶揄する傾向は弱まっているようである。

（2）１９９２年・１９９７年・２００２年・２００７年の正規雇用者比率（在学者を除く20歳～24歳）の推移（%）は以下の通り（総務省「就業構造基本調査」）。新規大卒就業者（男性）＝91・8→82・8→68・9→74・9。新規高卒就業者（男性）＝80・4→74・4→59・4→57・7。新規大卒就業者（女性）＝82・8→72・2→64・0→71・8。新規高卒就業者（女性）＝66・5→56・0→38・1→34・6。

（3）２０１１年3月の高等学校卒業者の場合、3月末現在の学科別就職率（就職希望者に就職者が占める割合〈%〉）は次の通り（文部科学省「高等学校卒業（予定）者の就職（内定）状況に関する調査」）。普通科＝88・8、農業科＝94・9、工業科＝97・8、商業科＝94・3、水産科＝94・3、家庭科＝92・0、情報科＝94・9、福祉科＝96・2、その他の専門学科＝92・2、総合学科＝92・8。なお、看護科の就職率は84・2%であった。看護科は、２００２年から導入された専攻科との接続による5年一貫の看護師養成課程を前提としており、本調査で示された就職率は、専攻科に進学せず就職を希望した生徒を母数とする。この理由により、看護科と他の学科とを単純に比較することはできない。また、この他に、高卒新規就業者の場合、専門学科・総合学科の卒業者の方が、普通科卒業者よりも正社員率が高いことを示す調査もある（日本教育学会特別調査研究「若者の教育とキャリア形成に関する調査（２００７年第1回調査報告書）」）。

（4）例えば、２０１１年1月に答申「「今後の学校におけるキャリア教育・職業教育の在り方について」を取りまとめた中央教育審議会でも、その審議の過程において、普通科の削減と職業に関する専門学科の増設を求める意見が出されている（キャリア教育・職業教育特別部会第18回会議、２０１０年1月14日）。

（５）この「枠組み（例）」は、国立教育政策研究所生徒指導研究センターが開発し『児童生徒の職業観・勤労観を育む教育の推進について』（２００２年）において提示したものである。ここでは、「職業的（進路）発達にかかわる諸能力」として、「人間関係形成能力」「情報活用能力」「将来設計能力」「意思決定能力」の「能力領域」が挙げられ、それぞれの「能力領域」にふたつの下位能力が示されている。「キャリア発達にかかわる諸能力（例）」あるいは「４領域８能力」と呼ばれることも多い。

［文　献］

社団法人全国高等学校ＰＴＡ連合会・株式会社リクルート［２００９］「キャリアガイダンス」合同調査「高校生と保護者の進路に関する意識調査」第４回報告書

東京商工会議所 教育問題委員会［２０１０］「企業による教育支援活動に関する調査集計結果」

内閣府［２００４］「青少年の社会的自立に関する意識調査」

文部科学省［２０１０］「平成21年度　児童生徒の問題行動等生徒指導上の諸問題に関する調査」

日本学生支援機構［２００９］「平成20年度　大学、短期大学、高等専門学校における学生支援の取組状況に関する調査」

労働政策研究・研修機構［２００６］「労働政策研究報告書 №72　大都市の若者の就業行動と移行過程」

労働大臣官房政策調査部［１９９１］『平成三年版産業労働レポート』大蔵省印刷局

column 1

家族の文化

子ども観から見る若者の自立

渡辺秀樹

子どもの自立を家族の意識の側から見ておきたい。子どもの自立について、親はどのように考えているのだろうか。人々の子ども観や家族観について、関連する調査結果から議論する。そもそも親は、子どもの自立を望んでいるのだろうか。自立をめぐる意識や価値観は、政策の有効性あるいは実効性を左右する基礎的要因となる。教育や労働のしくみ、その制度や環境を支える（あるいは相互に影響を及ぼし合う）家族の文化を看過することはできない。以下は、筆者が関わった国際比較調査の結果のごく一部である。

❖国際比較調査で見えてくる子ども観

図表1（15歳のときに一人でできると思うもの）は、国立女性教育会館が２００５年、日本・韓国・タイ・アメリカ・フランス・スウェーデンの6カ国の0歳から12歳の子どもを持つ親を対象に実施した『家庭教育に関する国際比較調査』で、「お子さん（○○さん）が15歳のときには、次のようなことが一人でできると思いますか。できると思うものをいくつでもあげてください。」（英文の質問では：When (NAME OF CHILD) is fifteen years old, what do you think she/he will be capable of doing alone? List as many as you think she/he will be capable of.）と聞いた結果である（各国とも全国サンプルで有効回答者数は、およそ１０００人。父母は、ほぼ半々）。

図表1を見ると、たとえば、「働いて報酬を得る（手伝い、アルバイトを含む）」という項目の比率は、韓国と日本が低い。この項目を、働くという意味での自立の準備と見れば、日本は15歳時点での準備が

図表１　15歳のときに１人でできると思うもの（複数回答、%）

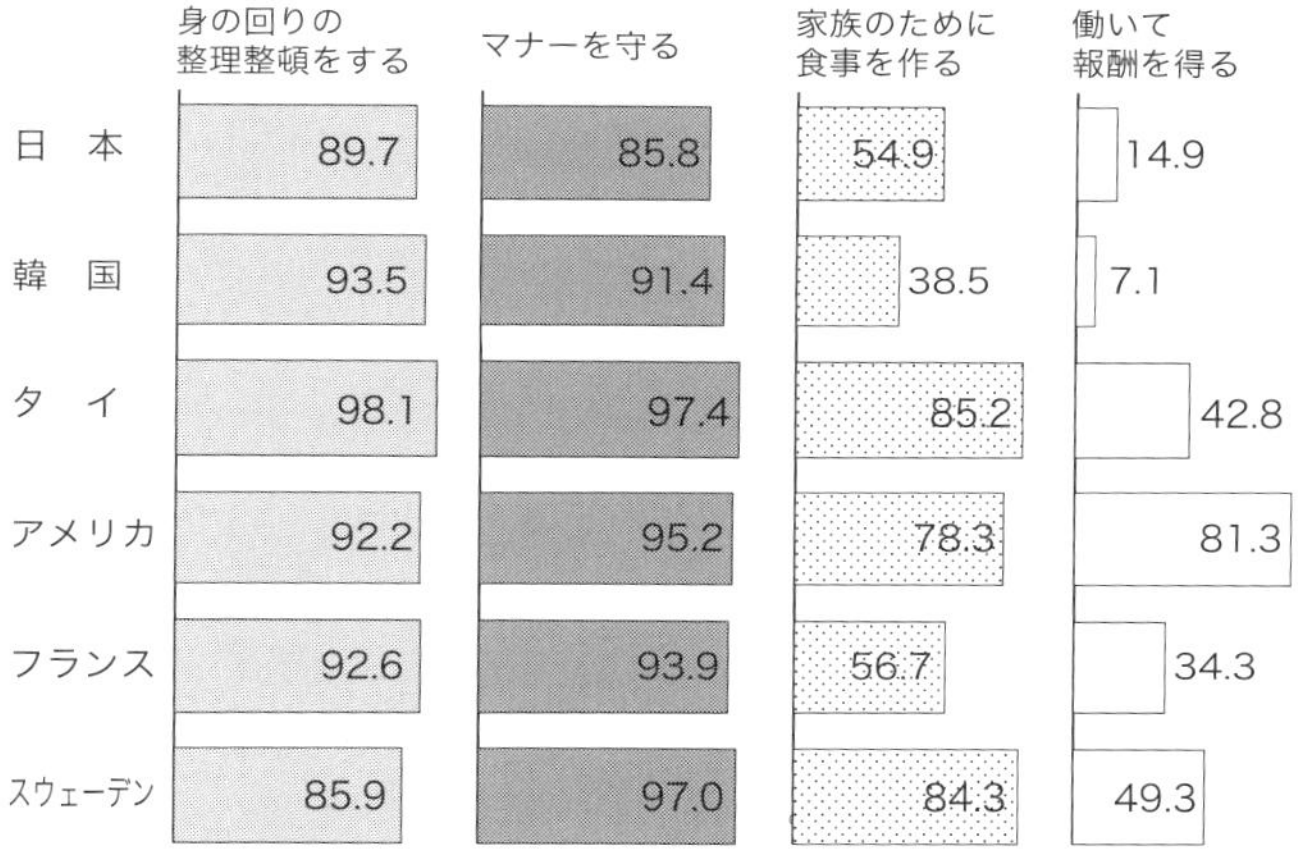

出所：国立女性教育会館『平成16年度・17年度家庭教育に関する国際比較調査報告書』［2006：95］

弱いということは言えるのではないだろうか。また、４項目の比率を全部足すと、15歳にできると思う合計点となるが、日本と韓国は、やはり際立って低くなる。様々な次元での自立の準備が弱いということになる。

前述のように質問のしかたは、予想を聞くというかたちになっているが、ここに自立への期待の弱さを見るのも無理なことではないと思われる。高度に産業化された社会においては、家族は基本的には消費的なシステムになり、生産的なシステムは職場が担うことになる。その対比的なふたつのシステム間のスムーズな移行、つまり自立の準備をどうするか、家族の側から考えることも必要のようである。

たとえば、**図表１**において比率の非常に高いアメリカなどは、ベビーシッターとか、夏休みのペンキ塗りや芝刈りといった、家族を中心にして地域社会に子どもたちが自立の準備をしていく環境を思い浮かべることができる。あるいは、夏休みの長期のキャンプなども自立の訓練といわれる。日本社会には、そうした自立への準備のしくみ（あるいは期待）があまり見られない。家族の経済的状況を問わず、働くことの準備＝職業的社会化への対応が求められるのではなかろうか。

❖家族文化で対比的なスウェーデンと日本

図表2（将来、子どもにして欲しくない家庭生活像）も同じ国際比較調査の結果である。「次にあげる生活のうち、あなたが親として将来○○さんにして欲しくないと思うものはどれでしょうか。いくつでもお答えください。」（英語では：As her/his parent, which of the types of lives on the card do you not wish for (NAME OF CHILD) in the future? Choose as many as you like.）と尋ねた設問である。図の左側に示した11個のライフスタイル像について聞いている。それを、日本の結果でパーセントの多かった順に、つまり「して欲しくない」順に並べ変えて示している。

子どもの自立というテーマとの関連では、下の方にある「配偶者の親との同居」「自分との同居」を見ると興味深い結果がでている。これは、子ども（○○さん）が結婚した後、その結婚相手の親と同居すること、それをしてほしくないかどうか、あるいは○○さんが結婚した後、自分と同居することをしてほしくないかどうかということを聞いている。

図に見るように、特に際立つ対比的な結果は日本とスウェーデンである。家族の文化ということでいえば、日本は世代連続的な家族文化であり、子どもが結婚してからでも、親（あるいは相手方の親）と一緒に住むことにあまり抵抗がないというのが調査結果である。他方、スウェーデンは世代独立的な家族文化を示し、結婚したら親と一緒に暮らさないのが当然で、一緒に暮らすことに対する忌避感が非常に強いという結果となっている。家族は世代ごとに独立しており、結婚することは、すなわち他出独立を意味する欧米社会に対し、結婚が別居独立の明確な

図表2　将来子どもにして欲しくない家庭生活像（複数回答、%）

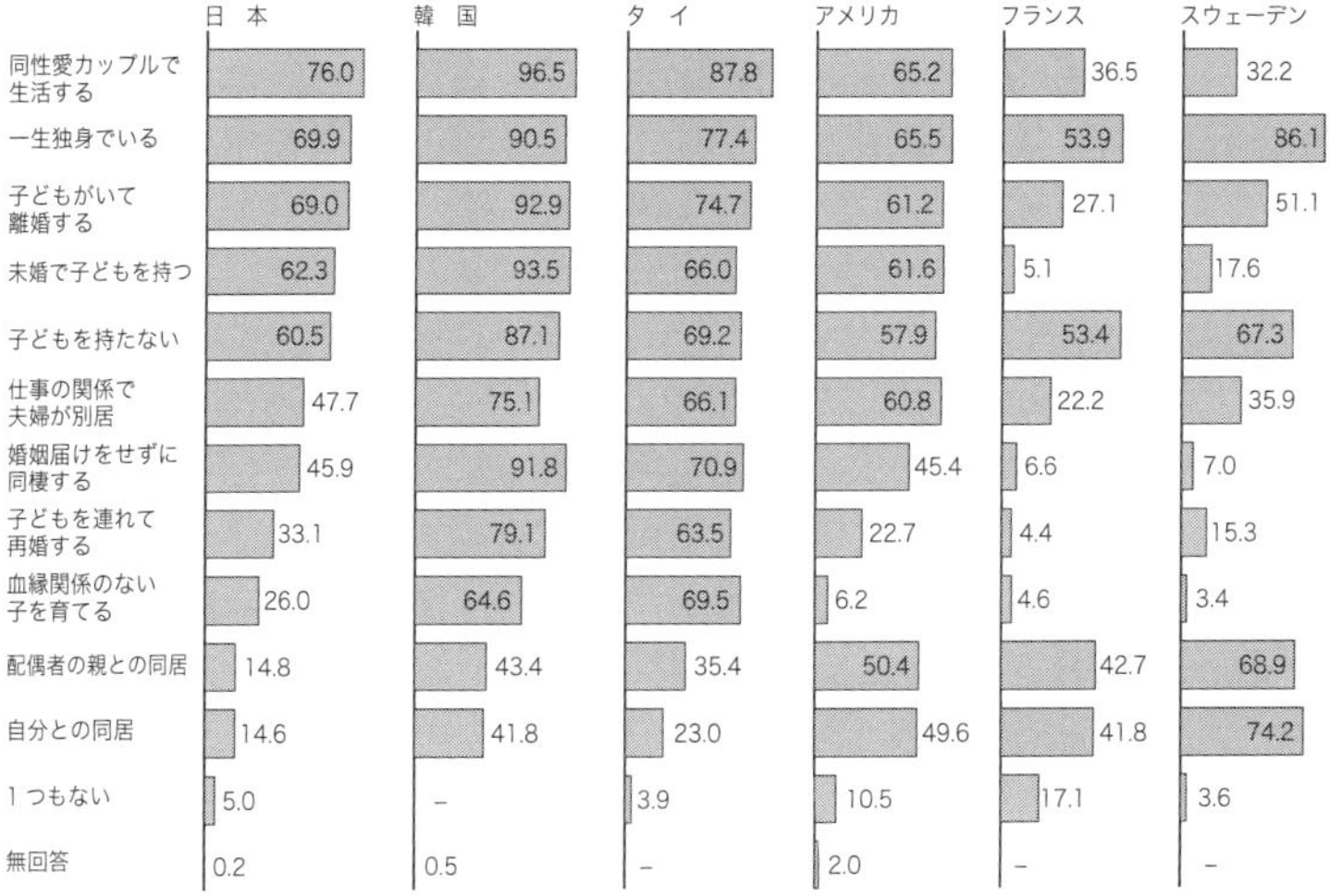

注：0〜12歳の子どもの親（保護者）、各国1000人（母親／父親、それぞれほぼ500人）。
出所：国立女性教育会館『平成16年度・17年度家庭教育に関する国際比較調査報告書』［2006：121］

契機となっていないのが日本である。

ほんのわずかな調査結果で一般化は慎まなければならないが、こうした子ども観や家族観の一端を見ると、仮説的には、以下のような議論もできるのではないだろうか。すなわち、欧米との比較でいえば、相対的に日本では家族が若者の自立を促す文化を持ち得ているとは言い難いということである。そして、われわれの社会は、家族が子ども＝若者を抱えるという前提が大きかったので、社会として、困難に直面した若者に対する支援の用意が遅れたという側面があるのではないだろうか。

何か問題があれば、「親は何をしているのだ」「親の責任でしょう」という話になる。たとえば、少年事件をめぐるメディアの対応などを見ればわかる。若者の困難の背景にこういった今生きているわれわれの意識や家族の文化のようなものがあるのではないかということが、紹介した調査からも、少し見えてくると考えるのである。若者の困難を家族で支えきれなくなったとき、問題は一気に深刻化するというのが、現在の日本社会の状況と思われる。

❖家族規範の強さと文化

図表2をもう少し見てみたい。**図表2**は、ふたつの見方で見るとわかりやすい。ひとつは、11個でできる棒グラフの総〈面積〉に注目するということである。その面積が家族規範の強さになる。一見して韓国の面積が大きいことがわかる。韓国の親は、この設問にあるような生活の多くを子どもにしてほしくないと思っている。つまり、法律婚をして、そのなかで子どもを産み、実子を育てる、という生活を強く求めている。離婚も養子も抵抗感が強い。それに対し、フランスなどの面積が小さい国は、多様な家族ライフスタイルを許容する社会ということになる。面積の大小が家族規範の強弱を表している。

もうひとつは、11個でできる〈形〉に注目するということである。韓国と日本の形は似ているが面積は異なる。つまり、日韓は家族の文化は似ているけれど、規範の強さは韓国の方が強いということになる。また、文化はスウェーデンなどと日韓とではまったく異なる。しかし、スウェーデンの家族の文化が壊れているわけではない。しっかりした特徴のある家族の文化を持っている（一定の面積がある）。すなわち、「一生独身でいる」ことはしてほしくなくて、パートナーを持つ経験をしてほしい。さらには、「子どもを持たない」という生活もしてほしくなくて、親子の経験をしてほしいという結果となっている。その際の夫婦＝パートナーというのは法律婚でなくてもよく、同棲でもよい。そして、親子も、実子ではなく婚外子でもよい、あるいは血縁関係がなくともよいのである。この調査結果に基づけば、多様なライフスタイルを認めるなかで、夫婦という経験と、親子という経験をしてほしいと強く望むのがスウェーデンの家族の文化である、ということができる。韓国の画一的な家族の生活を望む文化と、スウェーデンの多様な家族の生活を認める文化との違いである。

多様な選択肢があるということは、自律的な家族の生活をより可能にするということができるだろう。

❖家族の経済的状況と家族文化のズレ

紹介した調査結果の議論から導かれることは何だろうか。このコラムをまとめよう。ひとつは、述べてきたように自立を期待しない家族の文化があるのではないか、ということである。そして、家族依存あるいは家族次第という状況のなかでは、家族依存ができない人々にとっての困難はより一層倍加するであろうということである。この関連で、若者の困難の現代的な理由を考えてみると、家族が抱えていたあるいは隠してきた若者の困難を、経済的不況によって家族が抱え切れなくなっているということである。家族に頼ろうと思っても頼れない状況が現出しているのではないだろうか。

ふたつめは、そのような状況のなかでは、若者を社会全体でサポートするという枠組みが求められる。そのときに、われわれの家族観や子ども観が問われることになる。家族と教育と労働の諸次元の有機的連携を可能にする意識は、おそらく、ここに見たふたつの図が示す結果とは異なってくるのではないだろうか。

人々の意識や価値観は、簡単には変化しないかもしれない。とくに家族観や子ども観は、持続性の強いものであろう。しかし、経済的状況やグローバリゼーションなどが導く地域流動性は、世代連続的な家族関係を今後より一層難しくしていくのではないだろうか。そうした構造的現状と世代連続的家族観という意識とのズレが、大きくなっていることを認識する必要があるのではないだろうか。

第3章　家族と福祉から排除される若者

岩田正美

若者問題と貧困

90年代初めにバブルが崩壊して以来、日本社会は大きく変貌している。この変貌がもたらした問題については、さまざまな角度からすでに検討されてきたが、そのひとつはいうまでもなく「若者問題」である。とりわけ、教育と労働の分野では、学校から職場へのスムーズな移行を果たせない若者の増大が注目され、また家族社会学においては未婚のまま家族に依存し続ける若者の問題が取り上げられた。これらは、ニートやフリーター、パラサイト・シングル等の流行語を生み出し、またこれらの言葉の使い方や問題のとらえ方について様々な批判も現れるなど、今なお活発な議論が続いている。

他方で90年代以降の社会の変貌は、貧困という「妖怪の徘徊」をふたたび許すこととなった。だがその先陣を切ったのは、若者ではなく、中高年男性のホームレス化である。「若者問題」を貧困と結びつ

図表１　年齢別保護率および保護人員の増大率

	総数	0〜5歳	6〜19歳	20〜39歳	40〜49歳	50〜59歳	60〜69歳	70歳〜	（再掲）60〜64歳	（再掲）65〜69歳
保護率 2008年（‰）	12.0	6.6	11.6	4.1	8.1	12.9	20.1	22.9	18.1	22.4
実　数 2008年	1,537,893	42,975	19,5333	137,077	130,228	227,426	342,318	462,536	162,025	180,293
実　数 2008年/1995年	1.8	1.7	1.5	2.0	1.2	1.5	1.9	2.3	1.7	2.1

出所：厚生労働省

けて議論しなくてはならない、と考えられ始めたのは、ごく最近のことといってよい。

そのひとつのきっかけとなったのは２００７年にマスメディアによって「ネットカフェ難民」と名付けられた人々の問題であろう。路上のホームレスの数は、厚生労働省の調査では減少傾向にあったが、ネットカフェとかファミリーレストランで夜を過ごす人たちについて、テレビなどが盛んに取り上げるようになった。そこには、路上と同じ中高年者たち以外に、20代、30代の若者がかなり存在していることが指摘されたのである。厚生労働省が同年にいち早く実施した調査〔厚生労働省　２００７ｂ〕においても、住居を喪失してこれらの店をオールナイトで利用する者の46・４％、またそのうち非正規労働である者の40・２％が34歳未満の若者であることが明らかになった。

２００８年から09年にかけての年越し派遣村は、リーマンショック後に失業＝寮から排出されて公園に集まってきた人々のなかにいる若者の多さを実感させた。生活保護行政の現場や、貧困支援グループからも、徐々に相談者の若年化が指摘されている。他方で、生活保護利用者数は２０１１年２月時点で２００万人を突破したと報じられているが、増大はすべての年齢層にみられる。２００８年時点の統計でみると、保護率では20～39歳層は最も小さいが、その実数を１９９５年の実数の倍率で表すと、20～39歳層は２倍になっており、70歳以上層に次いで伸びが大きいのである（**図表１**）。

筆者らが特別区・人事厚生事務組合の設置している更生施設７カ所の利用者、および宿所提供施設・宿泊所14カ所の緊急一時保護事業利用者の、10年間のデータ（１９９８～２００８年）分析の結果においても、男女の違いなく利用者の若年齢化が示されている［日本女子大学 ２０１０］。

近年明らかになりつつあるこのような状況を「若者と貧困」として把握し、これを福祉国家と家族からの排除という枠組みから、以下で検討してみよう。

若者と福祉国家

そもそも、福祉国家の原点にあるのは、貧困予防の体系であり、またこの予防で不十分な場合の事後的な救済である。すなわち、共通の貧困リスクを社会保険や一般サービスの手法で予防し、これでは予防しきれなかった貧困を資産調査付きの社会扶助で事後的に救済するという組み合わせの保障である。この予防と救済のそれぞれの対象をどのように想定し、どれほどの人々をカバーしていくかは、国や時代によっても異なるが、多くの国では、稼働能力者や稼働者への扶助による救済にはきわめて慎重であった。それは人々の勤労へのモチベーションを損なうことの懸念であり、あるいは自由な労働市場への干渉と捉えられやすいからである。社会扶助の対象について表面上制限を設けない場合であっても、事実上扶助の対象を高齢者、障がい者、母子などの特定カテゴリーに限定してきた国は少なくない。あらゆる人々の貧困に開かれた日本の生活保護制度においても、実質的に被保護者は稼働能力を制限された人々の範囲に収斂されていった経緯がある。

　他方で、若者は稼働能力が高く、たとえ失業したとしても、すぐ新たな職を得る可能性が高いと信じられてきた。また職場を介して失業保険などの貧困予防の仕組みのなかに組み込まれさえすれば、貧困の事後的救済の対象になるはずはないと判断されてきた。今日でも、若者が生活保護制度を利用することへの批判の理由として、「選ばなければ仕事はあるはずだ」という意見は根強い。とりわけ日本の場合、高度経済成長を通じて、若者の就職はおおむね安定しており、雇用政策の主要課題は中高年齢者であり続けてきたから、事後救済と若者の距離はきわめて大きいものだったと言ってよかろう。

　ところが、欧米では80年代以降、若者の長期失業が大きな問題になった。この若者の長期失業とともに、ホームレスのような「古い貧困」の形態が目にみえて増大していった。日本は中高年男性のホームレスが最初に問題になったが、ヨーロッパ、アメリカは、若年のホームレス化が「新しいホームレス」として注目を浴びた。このため、アメリカでは「アンダークラス」（下層階級）という19世紀のような呼び方でこれを捉える人も少なくなかった。すでに社会保険の制度による貧困の予防のネットワークを完成させていたヨーロッパでも、職場を通したこれらの予防ネットワークから落ちてしまう若者が増大していることに注目が集まった。本来は、失業があっても失業保険によって貧困は予防されるはずであるが、最初から職がないために社会保険に組み入れられていないとか、あるいは失業保険の給付期間を超えて長期失業状態にあることによって、福祉国家の制度が無力となってしまったのである。

例えばフランスでは、オイルショック以降の失業や貧困の増大が１９８０年代にさらに加速し、「新しい貧困」の議論が沸き起こった。その典型のひとつとして、労働年齢に達しながら労働市場に新規参入できていない若者が取り上げられた。彼らは失業保険受給の資格も持っていないし、場合によっては住居を失うことさえまれではなかった。ところが、当時のフランスの法定の社会扶助制度は、労働能力のない、傷病者や高齢者、障がい者、児童などに限定されており、後は地域における任意の扶助しかなかった。このように、労働市場と社会保険、社会扶助から排除されている人々の貧困は、次第に「社会的排除」（ソーシャル・エクスクルージョン）と表現されるようになっていく。

フランスでは、この「社会的排除」を打開しようとして、１９８８年にＲＭＩと呼ばれる参入最低所得保障制度を導入するに至る。この参入最低所得の制度は、労働能力のある人にも開かれた一般扶助制度で（ただし25歳以上）、最低生活保障と職業的参入に向けた受給者の訓練のふたつの目的を持っていた。このフランスと同じように「社会的排除」への対応として、労働能力者への社会扶助を就労訓練などと結びつけようとした国は多い。イギリスは、労働能力者への社会扶助は求職者支援法に吸収され、ジョブセンターで取り扱われるようになった。ちなみに、フランスではＲＭＩ施行20周年に当たる２００８年にＲＭＩに代わる「積極的連帯所得（ＲＳＡ）」法が公布され、ＲＭＩ受給から抜け出せない失業者層への労働意欲喚起がさらに強化されようとしているという。福祉国家にとって、労働市場へ参入し損なった若者を含めて、労働能力者への対応が大きな課題となっていることが示されていよう。

家族からの排除

　では、バブル崩壊後の日本の場合、どうして欧米のような若者のホームレス化が問題にならなかったのか。これについて強調されてきたのは、日本の場合、家族が若者の貧困を吸収してきたという側面である。「パラサイト・シングル」という言葉が流行したように、30歳、40歳になっても、家族が子どもとして扶養していく可能性があるかぎり、若者の失業や貧困は隠されていく。また社会保険の予防の仕組みは職場と地域と二重構造になっているので、職場を介したネットワークに組み込まれなくても、家族がパラサイトさせておけば、地域の予防のネットワークから完全にドロップアウトしないですむといった構造を持っていたことが挙げられる。健康保険の家族として、あるいは家族が国民年金料を負担すれば、そのかぎりで社会保険の受給者となることができた。

　ところが、冒頭で述べたような若者の貧困問題の浮上は、若者の一部が、家族からも排除されて、単身化してしまうことによって可視化されたと考えることができる。今、この単身化の経路を３つの典型的なパターンで示してみよう（次頁**図表2**）。すなわち、労働市場への参入などが困難になった若者の単身化は、家族の強さの程度（パラサイトの許容度）によって、家族内部に隠される程度は異なるが、これが破綻すると以下のような３つの経路で進むと考えられる。

ひとつは家出である。例えば、20代の男性がアルバイトしか職がなく、実家で暮らしていても、何も言われなかった。それが、30歳を超えた途端、「このままでどうするの？」というようなことを家族が言い始める。そこで揉めた挙げ句に、本人がキレてしまい、家を出るというようなパターンである。

図表２　若者の単身化の経路

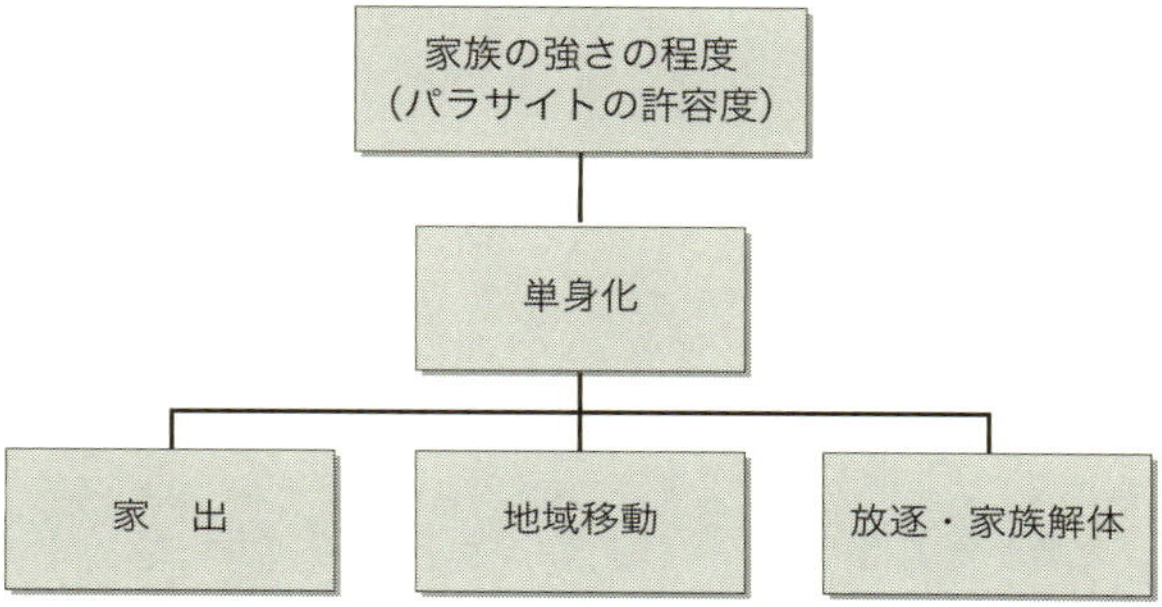

逆に、家族全体がすでに不安定で、家出するまでもなく、一定年齢になると家を出ざるを得ないというようなパターンも考えられる。なかには、高校に通っていたときから、もうすでにアルバイトをして「自分で食べていた」りするケースもある。「自分で食べていた」というのは、経済的にもそうだし、食事も本当につくっている。例えば、家の台所には冷蔵庫があるが、食材を買ってきたり調理したりするのは家族が個々でやっている事例が実際にある［岩田２００８］。こういう場合の若者の貧困は、隠されているのでわかりにくい。さらに若い人は友だちネットワークがあり、友だちの家を泊まり歩いたりすることでも隠される。また、日本の場合は、企業が若い人たちを非正規雇用する場合に、寮や借り上げアパートを用意することがあり、このなかに期間を区切って集められた若者の貧

困も可視化されにくいことになる。

もうひとつは、地域移動による単身化のパターンである。これは高度経済成長以来の伝統的な地域移動であり、必ずしも家族と何か揉めたりしなくても、職を求めようとして地域移動することが単身化につながっていく。地域による経済格差が大きくなれば、職を求める移動もまた大きくなる。

ネットカフェ居住者への相談ケースからみた実態

では、実家から離れた若者たちはどこに行くのか。先に述べたように、若者の場合、友人同士のささやかな助け合いがあって、そこを転々とすることがある。また、非正規であっても、会社がいろいろなタイプの宿舎を用意して労働募集をかけるので、そういう仕事がワンセットになった宿舎へ行くのが最も手っ取り早い。また敷金礼金のないゼロゼロ物件と言われるようなアパート、レンタルルームのようなビジネスとしての宿泊所などに行く場合もある。さらに、宿所とも言えないような場所、たとえばカプセルホテル、サウナ、ネットカフェ、マンガ喫茶などがあるし、ファストフード店でコーヒー一杯で夜を過ごすようなこともある。最後は野宿になるが、若者は中高年者と比べて野宿はあまり多くない。不安定な就労であれば、中高年者よりは得やすいことが、若者の貧困や排除の状態をわかりにくくさせているとも言える。

そこで、ここではこのように不安定なまま単身化した若者の実態を知るために、ネットカフェ等の

図表３　ネットカフェ住居喪失者の年齢

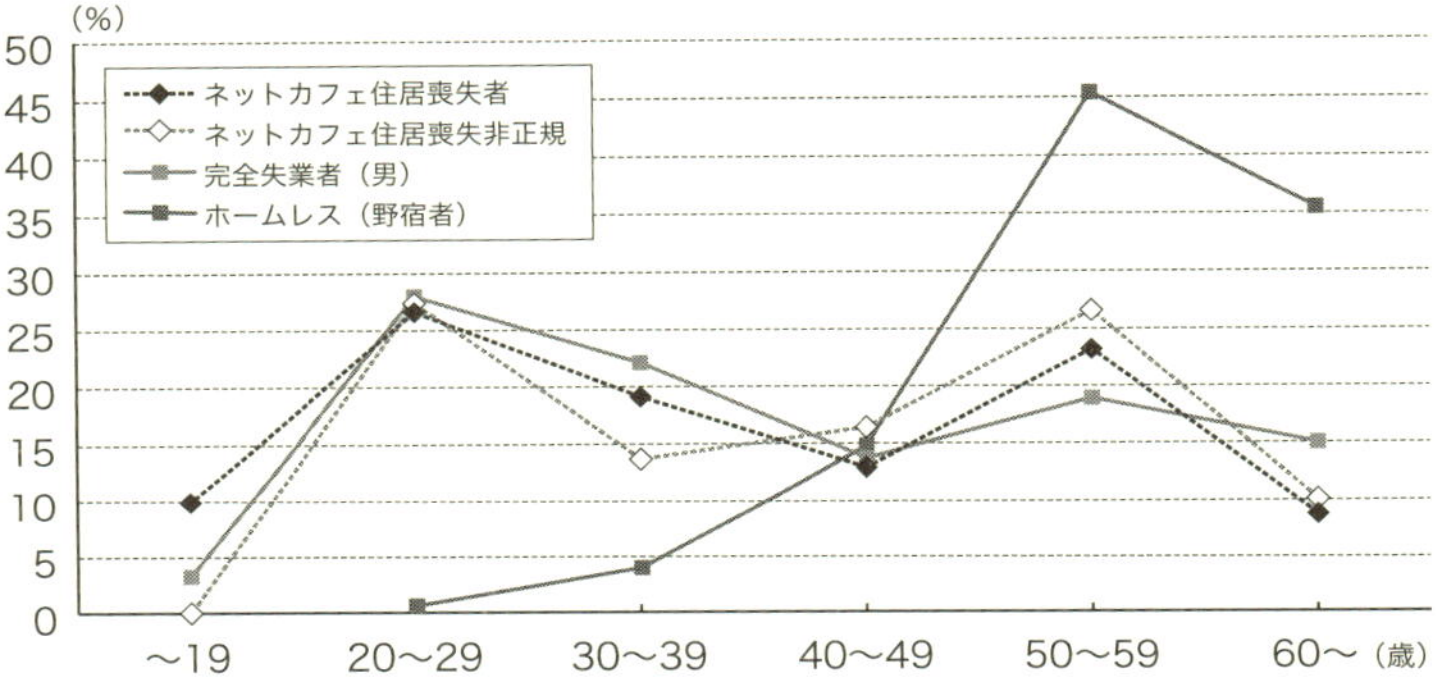

出所：厚生労働省［2007a、2007b］
　　　総務省「労働力調査」（2007年）より筆者作成

「住居喪失不安定就労者」として把握された若者たちを取り上げてみたい。先にも指摘したように、厚生労働省が実施した調査［厚生労働省　2007b］においても、住居を喪失してこれらの店を居所とせざるを得ない人々の半数ちかくは35歳未満の若者であった。今、この年齢分布を、完全失業者、ホームレスの年齢分布と重ね合わせてみると、**図表3**のようになる。ネットカフェの「不安定就労者」は、ほぼ完全失業者と同じカーブを描いており、20代と50代のふたつのヤマを持ったカーブとなっている。これに対して、路上のホームレスは40代以上で増大しており、ネットカフェの「住居喪失不安定就労者」の後ろのヤマと重なり合っていることがわかる。

この厚生労働省調査のなかで、東京と大阪で行われた詳細調査の結果から、35歳未満の人々の社会保険の加入状況を示したのが**図表4**である。大阪は全体の調査サンプルが小さく、30代が多かったせいか、東京よりやや加入率が高く出ているが、最も高い健康保険（この場合は

図表４　ネットカフェ生活者の社会保険加入率（35歳未満、％）

	東　京	大　阪
雇用保険	0.0	10.0
健康保険	4.9	30.1
年金保険	1.2	15.0

出所：厚生労働省［2007b］

全て国民健康保険）でも３割、雇用保険は１割である。東京は雇用保険ゼロ、健康保険で４・９％にすぎない。このような社会保険への組み込まれの小ささは、正社員経験率の低さから説明できよう。正社員経験なしは、35歳未満の東京の結果では48・１％であり、１年未満を加えると74％にものぼる。大阪では経験なしと１年未満を合わせると40％である。これは職域ベースの社会保険制度が非正規労働者の多くを排除してしまうという制度的な問題だが、他方で、地域ベースの国民健康保険、国民年金の保険料は高いので、その支払い負担から制度を敬遠していく傾向もある。加えて、地域移動による手続きが煩雑で、このような面からも社会保険を遠ざけてしまうことは少なくない。すぐ後で述べるような、家出の場合は、家族との関係悪化による単身化のため、家族経由の社会保障が閉ざされると言えよう。

　家族との関係を含めた、もう少し細かな実態を明らかにするために、ネットカフェ等の「住居喪失不安定就労者」の住居の確保とより安定的な就労機会の確保を支援することを目的として、厚生労働省と自治体関連機関との連携によって設立された東京都の相談機関（ＴＯＫＹＯチャレンジネット）の、開始直後２００８年６月10日から２００９年10月１日までの利用者データの分析結果[1]を用いてみたい。

　この相談機関利用者は、先の厚生労働省調査よりやや年齢が高く、20代は12・７％、30代が33・８％

図表5　年齢別住居を失った理由（%）

	寮(借り上げアパート、住み込み等)の退出	家賃滞納により退去	家賃支払不能	実家から家出	友人や同棲相手、兄弟姉妹の家にいられなくなる	刑務所や病院退所による	地方から求職のため上京	その他	計
20～29歳	30.8	15.4	19.2	14.1	14.1	0	3.8	2.6	100.0
30～39歳	35.6	22.4	15.1	7.3	11.7	0.5	5.4	2.0	100.0
40歳以上	30.0	20.9	19.7	2.2	9.1	4.7	5.3	8.1	100.0
計	32.0	20.7	18.1	5.5	10.6	2.7	5.1	5.3	100.0

出所：TOKYOチャレンジネット利用者の分析［2010］

で最も多く、次いで40代30・6％、50代23・6％となっている。これはおそらくこの相談機関の主目的が生活・住宅資金貸し付けにあるため、なんらかの仕事へ派遣やアルバイトで就労するなかで、若干の収入がある人のアクセスが多かったためであろうと考えられる。男女比は男性が9割以上となっている。そこで、このなかの20代、30代に特に焦点を当てながら、彼らが住居を失った理由とその背景をみてみよう。

図表5は、年齢別の住居喪失の理由である。いずれの年代も、職場に付属していた宿舎や借り上げアパートからの解雇による退出が3割と多く、次いで家賃支払い不能ないしは家賃滞納により退去を求められたものとなっている。非正規雇用労働者は、日雇い派遣も含めて寮にいることが少なくない。住居喪失の理由だけでなく、これらへの居住経験を生活歴から確かめると、20代では46・9％、30代では39・4％が経験ありとなっている。派遣労働者の場合は派遣先だけではなく、派遣元会社が寮を用意する場合もある。いずれにせよ伝統的なある種の労働募集スタイルと寮がセットになったもので、不安定な若者を吸収する装置として依然有効であることがわか

る。その生活はかなりのところ雇用先に依存しているのだが、それにもかかわらず先に述べた職域の社会保険などからは排除されているという不思議な状態が存在している。

ところで、20代では、これらの理由に加えて、実家からの家出、同居していたパートナーの家や、兄弟姉妹の家にいられなくなった、が他の年代にくらべて高くなっていることが目を引く（**図表５**）。家出は先に述べた単身化のひとつのルートである。地方からの求職のルートは割合は小さい。だが会社の寮や兄弟などの家への同居の前提に、家出や地方からの求職がある場合もあろう。兄弟や友人などの家への同居は、若者に比較的多くみられる形態である。友人知人宅の利用経験は、20代で35・９％、30代で24・２％である。だが、結婚その他の理由で、いとも簡単に追い出されることも少なくない。

図表６　生活歴からみた離家の時期（%）

	10代	20代
20～29歳	63.9	36.1
30～39歳	66.2	27.9
40歳以上	65.7	26.9

出所：図表５に同じ

それでは、この家出や地方からの求職を含めて、彼らはいつ頃生家を離れたのだろうか。これを生活歴に記載されているものだけの範囲で、年代別にみると、いずれの年代も10代で早くも家を離れている（**図表６**）。また、20代の場合、住居喪失年齢は10代を含めて20代半ばまでで、約４割にのぼっている。

その背景のひとつとして、教育程度の問題が挙げられよう。**図表７**（次頁）でみるように、20代は他の年代に比べて、高校卒や専門学校がやや多くなっているが、同時に中学卒の割合も高い。40代が大学卒業も２割強存在しているのとは照的である。つまり、若者の「住居喪失不安定就労者」は、相対的に低度

図表7　年齢別教育程度（%）

	中　学	高　校	専門学校	高専・短大	大学以上
20歳代	24.0	51.1	11.5	1.1	6.3
30歳代	18.6	41.9	6.6	1.2	6.6
40歳以上	16.2	42.6	7.1	1.0	21.6
合　計	19.7	42.0	6.9	1.0	10.6
厚労省調査	30.9	61.7	3.7		1.2

注：割合はそれぞれの年代の相談者総数に対するもの
　　不明は除いている
　　厚労省調査は東京調査分35歳未満
出所：図表5に同じ

図表8　生活歴からみた親の養育状態（人、%）

	死亡／失踪あり	それ以外で親以外の養育	親の再婚あり	年齢計
20～29歳	15	13	3	64
	23.4	20.3	4.7	100.0
30～39歳	66	37	12	165
	40.0	22.4	7.3	100.0

資料：図表5に同じ

の教育しか享受できずに、早く家を離れて単身化し、非正規による就労を転々とし、早くも20代前半で住居を失う者が少なくない、という構図が浮かび上がってくる。先に述べたパラサイト・シングルとは全く対照的である。

　これに加えて、生家における養育の状況も重要である。これも生活歴に記載された範囲での数字であるが、20代の親の死亡・失踪、親以外による養育の経験あり、親の再婚ありの割合は決して小さくない（**図表8**）。親以外の養育者では、祖父母や養父母のほか、児童生活支援施設や乳児院なども複数のケースで存在している。自分の意志からの家出だけでなく、頼るべき家族自体がすでに解体して単身で生きていかざるを得ない若者の存在も浮かび上がってくるのである。

若者の貧困対策の考え方

以上の現状を含めて、日本における若者の貧困対策をどう考えたらよいのだろうか。これまでの若者対策をみていくと、その特徴として、あくまで雇用対策の枠内で位置づけられていること、また若者自身の「自立支援」が強調されていること、のふたつが挙げられる。また、その具体的なアプローチとしては、①「ニート」やひきこもり若者の自立のためのサポート、②非正規雇用への社会保険の適用拡大、③第２のセーフティネットの構築の３つの路線があった。時期的に言えば①が先行し、②、③がこれに加わった経過を辿っている。とりわけ②、③については、リーマンショック以降の緊急雇用対策の多様なプログラムの模索を経て、２０１１年５月の改正雇用保険法、求職者支援法（職業訓練の実施等による特定求職者の就職の支援に関する法律）に結実した。後者の求職者支援法について言えば、これに先行してなされてきた求職者支援事業は、当初生活費融資一辺倒であった緊急事業から脱皮し、一定の条件付きで訓練中の求職者の生活費や住宅手当支給に踏み切った点でこれまでの雇用対策を一歩踏み出たものであった。

しかし、この法制定によって、生活費給付は単純に求職者の生活を支援するということよりは、「訓練期間中の生活を支援して、訓練の受講を容易にする[2]」ものであるとの位置づけがなされた。また、求職者支援法では「生活給付」という言葉は用いられず「職業訓練受講給付金」に置き換えられた。この法律による事業は、本来は雇用保険の枠外のものであり、したがって失業扶助のような、全額国庫負担によるものとすべき性格のものであるが、政府は現下の厳しい財政状況から雇用保険制度の付帯事業のひとつとして新たに位置づけ、国庫負担は2分の1と定めた。この点について、この制度の答申を行った労働政策審議会職業安定分科会は、「極めて遺憾である」とし、今後の雇用保険の安定的運用に影響を及ぼさない範囲で行うよう釘を刺している［労働政策審議会職業安定分科会 ２０１１］。

他方で住宅手当のほうは、緊急特別事業のまま福祉行政の窓口に宙ぶらりんのまま留め置かれることになった。ちなみにこの住宅手当は２０１０年9月末時点で支給決定5万１４３７件（うち延長決定９４１０件）であった。このように、若者を含めた失業者や不安定就労者の貧困対策は、あくまで雇用対策のなかに、また雇用保険の財源をあてにした付帯事業として吸収されていったとも言えよう。

以上の厚生労働省の政策とは別に、首相官邸に置かれた緊急雇用対策本部にもセーフティ・ネットワーク実現チームが置かれ、２０１０年5月の第1回会合では、現段階の課題として、①制度縦割り支援の限界、②一部自治体への要支援者の集中、③住居喪失者への支援の脆弱性が指摘された。このための方策として、住宅セーフティネットの確立と、要支援者への伴走型個別支援＝パーソナル・サポート・サービスの導入が提案された。後者は「無縁・孤立・貧困」な人と複雑な縦割り制度をつなぐものと位置づけられた。

この実現チームにおいても、それ以上の対策は提起されていない。住宅手当の支給期間を拡大するとか、これを賃貸住宅に住む低所得層全体へ広げるような動きもない。その代わりに、パーソナル・サポート・サービスだけがモデル事業として継続されている。これは、「短期間では就労自立に達することが困難と考えられる」という困難ケースに限定した、新たな自立支援アプローチとも言えよう。穿った見方をすれば、住宅手当に比べて効果は難しいが、それほどの財源は必要としないところに意味があるのかもしれない。

もちろん、さまざまな問題点があるとはいえ、パーソナル・サポート・サービスの必要性が提唱されるには、それなりの根拠がある。地域で若年層の失業者や非正規労働、不安定就労者を支援している人たちが最近言い出しているのは、彼らに軽度の知的障害やコミュニケーション障害のようなものがあるのではないか、ということだ。むろん、何を知的障害というかは非常にデリケートな問題で、きちんとしたスケールがあるようでないから、こうしたことを軽々しく持ち出すと、別のレッテルを彼らに付け加えるだけに終わることもある。

障害の有無はともあれ、何らかの「生きづらさ」を抱えて社会の周辺でしか生きてこなかった、あるいは家族から早期に分かれて一人で生きてきた若者が、複雑な制度を利用して「自立」していくことは、そう容易なことではない。第1に彼ら自身が「働くとはどういうことか」とか「結婚して普通に暮らすというのはどういうことか」といったゴールのイメージを持ちにくい。彼らのロール・モデルになるような大人がそばにいなかった人々も少なからず存在していることは、先のネットカフェの実態からも推測できよう。こうしたゴールのイメージが持ちにくい人々への「就労自立」支援として、様々な支援の技法やアプローチの開発はむろん不可欠である。

だが、若者の貧困そのものへの対策の基盤に、確かな生活保障や住宅給付がないと、このようなアプローチは上滑りになりやすい。同時に、第1、第2、および最後のセーフティネットのそれぞれの役割の明確化とアクセスのわかりやすさも重要である。この点で、最後に指摘しておきたいのは、第2のセーフティネットと最後のセーフティネットである生活保護制度との関係である。

日本の生活保護法は、利用者の年齢制限を設けていない。したがって理論上、第2のセーフティネットをスキップして、生活保護利用に進むことは不可能ではない。実際、冒頭で述べた生活保護利用者の増大は、そうしたことが存在していることを示している。また第2のセーフティネット対策の導入と並んで、生活保護制度の内部で、就労自立が特に強化されていることも、これを裏づけていると言えよう。言いかえれば、一方で全ての貧困者を対象とした生活保護制度があり、他方で新たに提起された第2のセーフティネットがかなり限定的なものであるとすれば、第1のセーフティネットを第2のセーフティネットが支え、これらをさらに最後のセーフティネットが支えるという重層構造を実現することは難しくなる。別の言い方をすれば、若者の貧困もまた、結局は生活保護が支えるべきものとなっていく可能性が高い。ところが生活保護行政の現場では、これまで労働年齢期の若者を利用者として扱ってこなかったので、稼働年齢期の利用者の存在に違和感をもつ担当者も少なくなく、必ずしも十分な支援ができているとは言いがたい。

このような矛盾は、雇用対策と生活保護、さらには住宅対策までを一体的なものとして見透した制度改革がなされていないことに起因している。家族や職場それ自体が大きく変容し、そこから排除されるプロセスのなかで顕在化しつつある若者の貧困は、矛盾をはらんだ「就労自立」支援やパーソナル・サポートのなかにだけ取り込まれ、彼ら自身の社会参加を切り開く多様な道は必ずしも明示されていないようにみえる。

［注］

（1）このデータは筆者が相談機関から委託され、相談記録を元に作成し、分析したものである。結果は未公刊。

（2）労働政策審議会・職業安定分科会・雇用保険部会における労働対策部企画課長答弁　２０１１年２月１日分科会議事録

［文　献］

岩田正美［２００８］「社会的排除——参加の欠如・不確かな帰属」有斐閣

厚生労働省［２００７a］「ホームレスの実態に関する全国調査」

——［２００７b］「住居喪失不安定就労者等の実態に関する調査報告書」

日本女子大学［２０１０］「生活保護施設等利用者の実態と支援に関する報告」

労働政策審議会職業安定分科会［２００１］「求職者支援制度について（報告）」

column 2 若者と社会階層

直井道子

❖問題提起――「若者と社会階層」論の困難

若者の貧困や格差についての議論が盛んになってきているのに、それらの背景となっている「若者の階層状況」を描くことは、これまであまり行われていない。１９８５年まで、日本の階層研究は「階層の構成単位は世帯であり、世帯の階層的地位は男性世帯主によって代表される」という暗黙の仮定のもとに行われ、かつ実証研究は男性世帯主の職業（と、それによる所得、威信など）に注目してきた。この仮定を乗り越えようとして、１９８５年から女性をも調査対象として、夫婦の職業組み合わせや、妻の世帯への収入貢献度を視野に入れる新しいアプローチが試みられた［岡本・直井編１９９０、盛山編２０００］。しかし、親の世帯にいる若者については、このようなアプローチは試みもされず、ただ世帯主である親の階層によって表現され、若者の階層的地位には、それが何歳になっても焦点があたってこなかった。

さらに問題なのは、若者については世帯単位の分析と個人単位の分析（雇用統計など）が、その接点が明確でないままに併存していることである。山田昌弘［２００６：51］は就業構造基本調査に依拠しながら、雇用労働者について男女とも１９９７年から２００２年にかけて20～24歳のジニ係数の伸びが著しいことを指摘した。一見似たようなグラフが白波瀬［白波瀬２００９：34］にあるが、こちらは国民生活基礎調査の世帯主年齢別データを使っていて、ここでの若者は若くして結婚した夫婦世帯か一人暮らしが多いものと推察される。20～24歳の中の格差は、山田のグラフでは他の年齢層より大体において小さく見えるが、白波瀬のグラフでは30代、40代よりも大きく見える。これらを総合して若者間の格差について、他の年齢層と比較して結論を出すことはなかなか難しい。

「若者と社会階層研究」の困難はこれらのことばかりではない。第1に、若者とは何かという問題がある。何歳から何歳までを若者と呼ぶのかについて、明確な数値での規定はなく、近年では「子どもと大人の間の移行期」として使われている。やっかいなのは、「若者論」の中には男性の既婚者は「自立を成し遂げた人」として含まれないニュアンスもある。たとえばこの問題に先駆的にメスを入れた白波瀬［２００９］（次項で詳述）は、成人未婚子のみを扱っている。第2に個人単位で考えた場合、若者には、学生・無職者が多く含まれ、職業を中心にした測定は女性の場合同様に難しい。第3に、世帯単位で考えようとすると、世帯の中には親との同居世帯、若い夫婦世帯、配偶者と離・死別した単親世帯、一人暮らしなどの種類がある。さらに、親との同居世帯の中の若者には独身者と既婚者がいる。官庁統計などには世帯主の年齢別集計があるが、ここでの若者は一人暮らしか早婚の世帯主である。また住民票上の世帯主が親と子のどちらかという問題とは別に、親との同居世帯では経済的に親が依存的立場の場合も、子が依存的立場の場合もある。

結論的に言えば、若者は「子どもと大人の移行期」という点だけは共通でも、その他の点できわめて多様な人々であり、とくに従業上の地位、世帯構成、ジェンダーの3つの要素の違いはきわめて大きい。そしてまた、これらの要素は複雑に絡み合い、それぞれが「階層的要因」の影響を受けている。

以下では、従業上の地位については本書のあちこちで扱われているので、世帯構成とジェンダーのふたつの要因に着目して、それが若者の階層状況とどう関連するのかを扱っている研究を紹介することで、この問題を突破していく糸口を示したい。

未婚の若者の世帯構成と所得との関連

白波瀬［２００９：１３７〜１３８］は国民生活基礎調査を用いて、若者（学生を除く20歳、30歳代の未婚者）の８割以上が家族と暮らしているが、40歳以上の未婚者では5割しか家族と暮らしていないことを示した。

引き続いて白波瀬はこのような世帯構成と階層的要因の関連を見た。まず、子の所得との関連では、男女とも所得の低いほうが親と同居する可能性が高い。すなわち、世帯単位の分析では、若者の貧困は親世帯の世帯主の属性に置き換えられることによって、隠されているといえる。次に親の所得との関連を見ると、親の所得が低いほうが同居率が高いが、所得の高い層も同居率が高く、ふたつの山がある。

図表　年齢層別世帯構成（%）

	20〜30歳代	40歳以上
一人暮らし	15.4	38.7
家族と	82.2	52.1
その他	2.4	9.1

出所：国民生活基礎調査2001（白波瀬［2009：137］）

さらに、親との同居世帯において、子の所得と親の所得は逆比例しており［白波瀬 ２０１０：93］、親の所得が低いところでは子が親を扶養していると推定される。追跡データではないが、貧困率を見ると、世帯の中での貧困率は男女未婚者とも40歳以上でより高率であることから［同：82］、最初は所得の低い子が同居していたが、その後親が年をとって低所得の子に依存して、世帯全体として貧困化しているのではないかと示唆される。

女性未婚者の世帯の貧困率は一人暮らしの場合も親と同居の場合も、男性より高い。

ジェンダー別のライフコースと階層

以上のように、若者が親との同居世帯にいると若者本人の階層的位置はとらえがたく、親元を離れるまでは若者の階層的地位（たとえば貧困）は見えない。そこで若者がライフコースのどこで、どのような理由で親の世帯から離れるのか、をジェンダー別に見ていく。

　鈴木の分析［鈴木 2007］によると、20歳時までの離家経験率（多くは未婚）は男子のほうが高い傾向は続いているが、男女差は縮小している。30歳時までの離家未経験割合は男子では上昇傾向が続いていて、これは晩婚化の影響と見られる。ただし、中央離家年齢は男子のほうが早い。これは欧米には見られないユニークさだと鈴木は指摘する。これは女性の離家が欧米より遅いからであり、また離家全体に占める結婚離家の割合が女性に多いからである。さらに複雑なのは、「親の家への戻り」という現象も観察されており、一度離家してもその約40％が親の家に戻る。22～24歳で親との同居のピークがくることから、大学卒業とともに親世帯に戻る男女が多いことが示唆されるという。

　これらの現象と階層的要因はどのように関連しているのだろうか。鈴木の分析や論文の中の先行研究の紹介からは、親の持家、親の学歴、母親の就労などが効果を持つことが示唆される。他にも最初の離家（進学理由によるものを多く含む）について階層の効果を述べた研究はいくつか見られるが、このコラムの主題から言うとむしろ「親の家への戻り」の規定要因にどの程度階層的要因が含まれるのかの解明が待たれる。

❖今後の研究に向けて

　以上から、若者と社会階層研究について結論的に次のことが言える。世帯単位の分析においては、

(1)　若者の多くが親の世帯にいることによって、貧困や格差が隠蔽されている。しかも親の世帯にいるか、戻るかなどについて親や本人の階層的状況が影響を与えているが、その詳細はあきらかではない。

(2)　女性はより長く親の世帯におり、離家が遅い点では国際的にユニークである。一人暮らしをす

れば世帯主となり、結婚した場合には夫の世帯にいるなど、その世帯上の地位を転々としており、さらにわかりにくい。

この移動に対する本人、親や夫の階層的状況の影響は大きいがその詳細はあきらかになっていない。

これらのことを踏まえて今後の若者研究に次の提案をしたいと思う。

①　若者個人と世帯の関係をあきらかにする研究

若者が親の世帯にいる場合には、たとえば親子の職業組み合わせ、世帯の所得への若者の所得の貢献度、消費がどの程度「世帯一本」であるか、などをあきらかにすることによって、親の世帯の中にいる若者個人の状況を把握すること。

②　若者についてのパネル研究

若い未婚期間には、親の世帯と本人単独世帯との間を行き来する事例が多いようである。この行き来とそれを規定する要因をあきらかにしていくこと。以前は、未婚子と親の同居世帯というのは子どもが独立（離家、結婚）までの過渡的な世帯構成だと考えられていて、それ自体を丁寧に研究する必要性は感じられなかったのかもしれない。しかし、今後は未婚子と親の同居が長期にわたり、それが貧困化につながっていくことも考えられるのだから、もう少しきめ細かい研究が必要であろう。

〔文　献〕

岡本英雄・直井道子編［１９９０］『現代日本の階層構造４　女性と社会階層』東京大学出版会
白波瀬佐和子［２００９］『日本の不平等を考える――少子高齢社会の国際比較』東京大学出版会
――――［２０１０］『生き方の不平等――お互いさまの社会に向けて』岩波書店
鈴木透［２００７］「世帯形成の動向」『人口問題研究』63-4、1～13頁
盛山和夫編［２０００］『日本の階層システム４　ジェンダー・市場・家族』東京大学出版会
山田昌弘［２００６］『新平等社会――「希望格差」を超えて』文藝春秋

第4章　自立困難な若者の研究動向

太郎丸　博

若者の自立という問題

この章では、私の専門分野である社会階層論を中心としながら、自立困難な若者の研究動向について紹介していく。「自立」という言葉にはさまざまな意味があるが、この章では、若者の経済的自立の問題に限定して話を進めていくことにする。自己決定のためにも、精神的自立のためにも、経済的な基盤が必要であると私は考える。本人が働いて稼ぐのか、あるいは何らかの給付を受けるのかという問題はあるが、いずれにしても経済面を中心に自立を考えていく。

自立困難の3タイプ

「自立が困難だ」という場合、大雑把に考えて3つのタイプが考えられる。ひとつは、心身に病気や障害があって自立が困難である場合である。ふたつめは、ひきこもりとか社会に馴染めない場合である。この人たちは病気と言われる場合もあるし、病気ではないと言われる場合もある境界的なケースである。3番目は、特に病気や障害があるわけではなく、本人に働く意欲もあるが、能力や意欲を発揮する仕事が十分にないというタイプである。失業者と非正規労働者の一部がこのタイプにあたる。第1の心身に病気や障害があるケースは深刻かつ重要な問題であるが、この章では、私の専門分野に近い2番と3番に限定して議論を進めることにする。

女性の「自立」

経済的自立について語る場合に難しいのは、女性の「自立」をどう扱うのか、という問題である。こういう話題になると、「女性は結婚すればいいじゃないか。専業主婦になるのだし」と言われてしまう。しかし、私は「女性にも男性と同じように経済的な自立は必要だ」という前提で議論を進めていく。

その理由は、すべての女性が夫などの家族成員から経済的援助を受けられるとは限らないからである。統計的にみても独身女性の数はどんどん増えている。２００５年の女性の生涯未婚率は7.5%、25〜69歳の女性のうち、独身者は29%である［国立社会保障・人口問題研究所 ２０１０］。また、仮に結婚したとしても、夫単独の収入で、安定した収入を得られる可能性は小さくなっている。さらに、いわゆる非正規雇用、パートやアルバイト、派遣社員などの雇用形態で働く女性は、正社員の女性に比べて結婚が遅れる傾向があると言われている[1]［永瀬 ２００２、酒井・樋口 ２００５］。また、現代日本では、女性差別が強力であるため、経済的に自立している女性ほど結婚をためらう傾向があると言われているが、将来、このような差別が減少していけば、米国のように経済力のある女性ほど結婚しやすいという社会になっていくのかもしれない［Ono 2003］。このように、「夫に養ってもらえばいいから女には経済力は必要ない」といった考え方は、現代社会ではあまりにも安易でリスクが高いと言わざるをえない。

なぜ自立が問題になるのか

「無理に自立する必要はないのではないか」という説もある。たとえば、若いうちは、親が援助してくれる場合もあるので、そういう若者には、差し迫った経済的自立の必要がないのかもしれない。しかし、そういった若者も年をとればいつかは援助してもらえなくなるので、自立を迫られることになる［宮本みち子 ２００４］。自立できないまま年を重ねれば、彼らは社会保障上のリスク要因となろう。

もうひとつの問題は結婚したくてもできない人の増加である。いい相手さえいれば結婚したいという人も含めれば、現在でも90％程度の未婚者が結婚を希望している。しかし、実際には十分な経済力を持った独身男性が少ないため、結婚が難しくなっているという［山田 １９９６］。男性のみに家族を養う経済力を求めるのではなく、男女が分担してお金を稼ぐようになればこのような問題は緩和されるはずだが、多数派の若者の意識も旧態依然としているし、仮に若者の意識が変わったとしても、日本の労働環境は、夫が外で働き妻が家庭を守ることを前提に作られているので、共働きで子どもを産み育てるのは著しく困難である［大沢 ２００７］。

自立できないのは自己責任か

「自立できないのは本人が悪いのではないか」という議論が出てくることがある。最近の若者は社会人としての自覚が足りないとか、労働観が未成熟だと言われることもある。しかし、社会科学系の論文ではほぼすべて、若者が自立できない原因は、社会の側にあるという論調である。非正規雇用に就いている若者と、正規雇用に就いている若者で労働に関する意識を比較する研究もあるが、ほとんど違いが見出されていない［亀山 ２００６］。また、ジョブ・カフェに職探しに来た若者への調査結果によると、自分のやりたいことや仕事についての意識が高くても、仕事がみつかる確率は高まらない［太郎丸・吉田 ２００７］。重要なのは、とにかく行動を起こすことなのである。また、雇い主側と労働者側のどちらの要因が非正規雇用の縮小や拡大に影響を及ぼしているか調べた研究によれば、概ね雇い主側の要因によって非正規雇用が増えていると言われている［Cassirer 2004, Wenger and Kalleberg 2006］。このように、非正規雇用の増加は、若者の自己責任だとする議論には社会科学的な根拠は存在していないのである。

社会変動と若者の自立

「ひきこもり」とは？

次に、いわゆる「ひきこもり」について紹介しよう。一般的に「ひきこもり」とは、若いうちに始まるようなケースを指す。50代、60代になって「ひきこもり」になる人もいるが、ここでの「ひきこもり」は若いうちに始まっているケースで、鬱とか統合失調症などといった病気が原因ではないタイプを指す。もちろん鬱や統合失調症などの精神疾患が原因で家の中にひきこもる人もいるが、そういう人は除外して考えることにする。[2] なおかつ、家族以外とのコミュニケーションが極端に困難な人。ふつう家族とのコミュニケーションも難しいが、家族とは関わらざるをえないというケースも多いようである。不登校や、学校は卒業したけれど、現在は仕事もしていないし求職もしていない、いわゆるニートの一部も「ひきこもり」と考えられる。

「ひきこもり」の特徴は

「ひきこもり」に対しては、家にひきこもって一歩も外に出ないという社会的イメージもあるが、研究者の報告によると、家の外に出られる人も多いとされている。ただし、「ひきこもり」は、外出できても他人とパーソナルな関係が持てるわけではない。たとえば、外に出かけて公園に行ってベンチにずっと座っている。つまり、家の中にいるのはしんどいから外に出かけるけれども、友だちと会って遊ぶことはできない。コンビニに行って買い物をしたり、レンタルビデオ店に行ってＤＶＤを借りたりする程度であればできる人はかなりの割合でいるが、それを超えて誰かとパーソナルなコミュニケーションを取るとなると難しい人が多いようである。

「ひきこもり」は男性が８割とも６割とも言われている。もちろん彼らはひきこもっているので正確な数字はよくわからない。よく「インターネット中毒になってしまったような、いわゆるオタクが多いのではないか」とも言われるが、そういったことはないと言われている。むしろ世俗的な成功を夢想しつつ、それができないためひきこもるという悪循環に陥っている者が多いという。

一部の文化人や知識人で、「ひきこもり結構。どんどんひきこもりなさい」というようなことを主張する人もいるが、こういった議論は、多くのひきこもりにとっては的はずれな場合が多い。こういう知識人たちは「若い頃は自分の内にこもって何かに没頭することがプラスになる、だからひきこもりなさい」という主張をするのであるが、実際のひきこもりの多くは、そのような生産的な活動に没頭しているわけではなく、ただ漫然と日々を過ごしていると言われている。このような状況は、ひきこもっている本人にとっては非常に苦しい状況であり、一部の知識人たちが想定しているような「ひきこもり」とはかなり異質なものであると考えられる［齋藤　２００３、井出　２００７］。

対抗文化の喪失が「ひきこもり」の社会的原因？

「ひきこもり」の社会的原因が何なのかは、まだよくわかっていない。一説では非常にまじめで社会に対する過剰な同調が原因になっているのではないか、とも言われている。すなわち、学校や勤め先の要求を十分に果たせないことが嫌で、だから、そういった社会関係から撤退してしまうというわけである。

あくまで仮説にすぎないのだが、私は、対抗文化が失われつつあることが原因のひとつではないかと考えている。今も昔も、「よい学校に行き、よい会社に入って、幸せな家庭を築いてお金持ちになって……」という生き方が主流派の価値観であることに変わりはないが、以前はそれとは違った人間の生き

図表１　完全失業率の推移

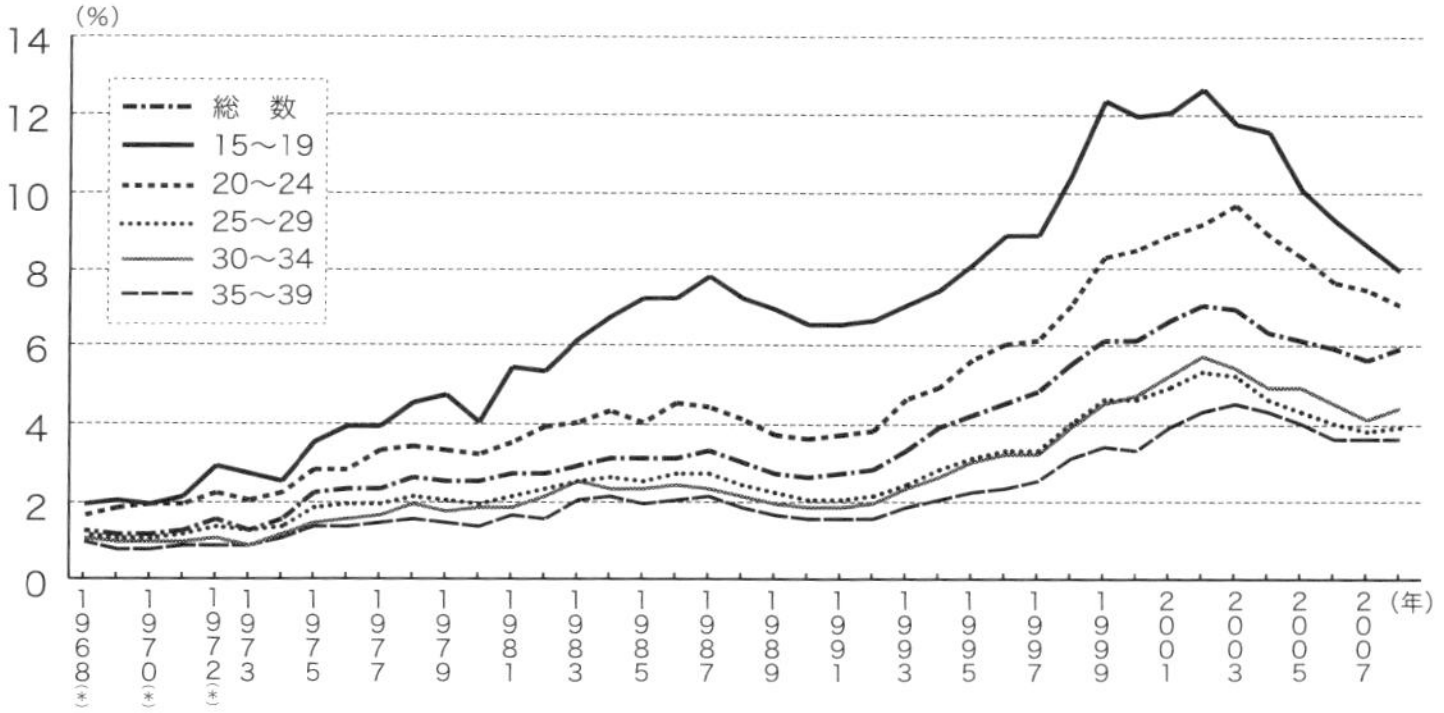

出所：総務省「労働力調査」

方がかなり認められていた。左翼社会運動、教養主義、土着の地域文化といったものが対抗文化の例である。「一般的・世俗的な価値観を追求するというのはだめだ」といった価値観が周辺的とはいえ、かつては、かなりの規模で存在していたと考えられる。これが70年代から90年代にかけて急速に失われていったことと、「ひきこもり」の増加は何か関係があるのではないかと私は考えている。

失業率と非正規雇用率の推移

次に、働く気はあるけれども思うように働けない人の話をしよう。ここでは失業と非正規雇用を取り上げる。日本の失業率は長期的に上昇しているが、これはＯＥＣＤに加盟しているような先進国ではほぼ共通の特徴である[Blanchard 2006]。**図表１**は日本の完全失業率の推移である。一番上の線は15～19歳である。失業率は若ければ若いほど高い傾向にあり、若い人の方が振れ幅が大きくなる。若者は職を失いやすいが、逆に職をみつけやすいという特徴も

図表２　非正規雇用率の推移

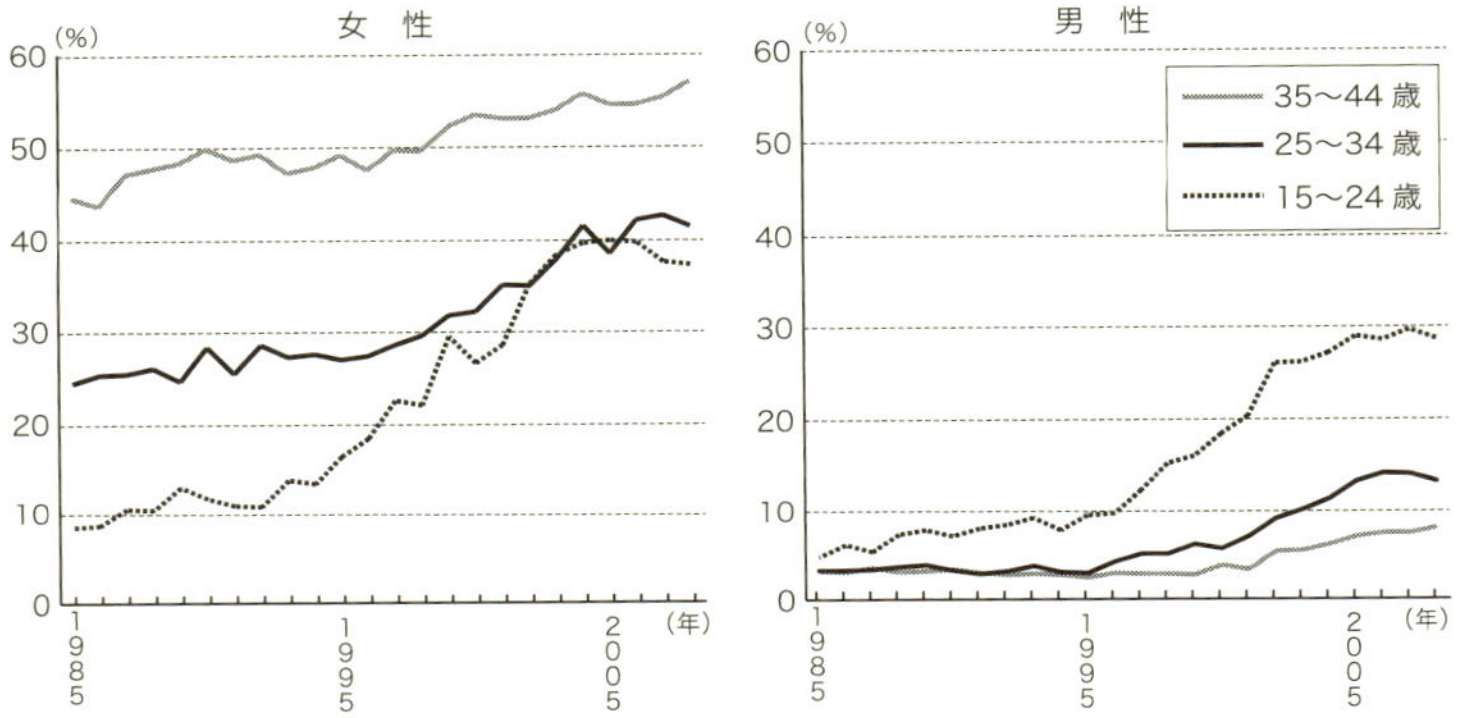

出所：総務省「労働力調査」「労働力調査特別調査」

あるので、平均失業期間は短くなりやすい。そのため、失業率だけで自立の困難さを測るのは一面的すぎるが、年齢間の失業率格差の拡大は看過できない。

図表２は非正規雇用率の推移を男女別にみたものである。これをみると、非正規雇用率は男女で全く違うのがわかる。失業率は男女でかなり似ているのであるが、女性の方が結婚してパートタイマーなどの非正規雇用になる人が増えるため、年齢が上がるごとに非正規比率も上がっていく。逆に男性は若い人ほど非正規比率が高くなる。このデータは、１９８５年から２００８年までの推移であるが、大体右肩上がりのトレンドになっている。よく「景気が回復したら非正規雇用は減るのではないか」と言われるが、この図からそういう傾向は読み取れない。

景気循環の効果と構造変化の側面

こうした長期的な社会の変化には、景気循環に応じて生じる変化と、それとは別の長期的な構造変動の２種類がある。

景気循環の効果があることは昔からよく知られていて、失業率は景気の指標のようなものである。非正規雇用に関しても景気循環による変化を考えることができる。普通は２００３～08年ぐらいまでの日本の景気拡大期に日本企業がやってきたように、景気がよくなって人手不足になったら、非正規雇用を一時的に増やして対応し、景気が悪くなったらその人たちを解雇するというプロセスである。これらは、景気循環による社会の変化である。

　これらに対して、構造的な変化の側面も存在する。日本では、１９８０年代半ばくらいまでは、工業関係の企業で働いている人の数が増え続けていた。しかし、その後は第２次産業で働く人の数は少しずつ減り続けている。その代わり、第３次産業に従事する人が増えている。こういう変化を脱工業化と言う［Bell 1973=1975］。脱工業化すると接客業が増えるので、お客さんがたくさん来るときだけ働く人が必要になり、パート労働への需要が増えると言われている。

　また、少ない品種を大量かつ長期にわたって生産するのではなく、需要に応じて柔軟に生産量や品種を変更していくような手法を導入する企業も増えている。このような職場では、需要に応じて短期で生産ラインを増やしたり減らしたりするため、それに応じて、労働者も短期間のうちに雇い入れられたり解雇されたりを繰り返すことになる。

　90年代半ば以降の非正規雇用の増加の主因は、景気循環ではなく構造的な変化と考えられる。この時期、景気の改善、悪化とは関係なく非正規雇用は増加を続けており、それは上記のような構造変動に対応して、人件費抑制のために正規を非正規で代替したことにあると考えられる［太郎丸 ２００９］。

非正規雇用はブリッジかトラップか

若者の自立と非正規雇用は密接な関係がある。というのも非正規雇用は若者にとってトラップ（罠）として機能することがしばしばあるからである。ヨーロッパでも非正規雇用の増大が社会的に注目され、非正規雇用はブリッジか、それともトラップか、という問題が研究者の間でも注目されている。ブリッジとは、無職の状態と、安定した正規雇用の間をつなぐ架け橋という意味で、いきなり正規雇用に就くのは無理でも、非正規雇用の職で働きながらスキルを高め、正規雇用へとつなげることができるという説がある。その一方で、いったん非正規雇用の職に就くとそこから抜け出すことは難しくなるという説もある。この場合、非正規雇用はトラップとして機能していることになる。

もちろん、非正規雇用という地位が、無職と安定した雇用の間をつなぐブリッジとして機能するのが望ましいのであるが、日本では、ブリッジ説を支持した研究はない。確かに、正規雇用に比べて非正規雇用の方が職に就くのは容易である。しかし、非正規雇用に就いたことで、無職のままでいるよりも正規雇用への移動が容易になるという証拠はない。むしろフリーターといった否定的なレッテルを貼られて、正規雇用への移動が難しくなってしまうケースの方が多い。ヨーロッパでは、非正規雇用がブリッジになっているという研究もあるので［Steijn et.al 2006］、日本でも将来そうなっていく可能性もあるが、今のところ日本ではむしろトラップとしての側面が強いと考えられる。

ただし、日本でも非正規雇用がブリッジとして機能するケースも存在する。たとえば、ひきこもっていた人がいきなりフルタイムで会社員になるのは難しい。社会に慣れていくためには非正規雇用のワンステップが必要になるだろう。また、枠は限られるが、非正規雇用から正規雇用への登用制度を設けている企業や公共団体は多数存在する。[3]

社会制度と若者の自立

雇用保護と失業率の関係

それでは、どのような社会制度を作れば若者の自立を支援できるのか。社会制度の問題は非常に悩ましい。たとえば、非正規雇用が解雇されやすいのであれば、解雇を規制したらいいと言われることが多い。日雇い派遣を禁止すべし、という議論もこういった発想から出てきている。確かに雇用保護も大事であるが、それが強すぎると雇い主は最初から雇うのを控える傾向が出てくる。雇った結果、期待したほど優秀ではなかったような場合や景気後退期に解雇しにくいからである。それなら、「新たに雇うのは控えて、今働いている人に頑張って残業してもらおう」という考えになりやすいのである。実際、日本では、景気がよくなると残業時間が増えるが、雇用者の数はそれほどには増えないと言われている。

さらに、雇用保護が強い国では、失業率が高めになる傾向があると言われている。雇用保護が強いと、職を得た人はある程度保護される。日本で言えば、正社員はある程度保護されるが、非正社員や失業者にとっては、正社員の職に空席ができないため、逆に職を得にくくなる。人の移動もあまり起きなくなる。こういう場合、どうやって雇い控えを減らしたらよいかが重要な政策課題になる。

人的資本のシグナルを強化する

そのための方策のひとつが、シグナルを強化することである。人的資本については、その人の能力とか生産性、エンプロイアビリティなどいろいろな表現で言われているが、いずれにせよ、実際にはよくみえないものである。働かせてみて初めてわかるような部分が多い。企業の人事や採用の担当者たちは、頑張ってそれを見抜くようにしているが、なかなか難しいのが現実である。解雇が難しければ、正社員の新規採用に慎重になる雇い主が多くなるのも当然のことである。

このような問題の打開策のひとつは、人的資本の強さ・大きさを示すシグナルをみつける、あるいは新しく作り出すということである。人的資本のシグナルとは、たとえば学歴とか資格、これまでの仕事の実績といったものである。これらは人的資本を推し量るために参考にされている情報である。また、ジョブ・カードという制度が２００８年から日本では導入されたが、これも非正規労働者の職務経験や職業訓練の経験を詳しく記録することで、その人の人的資本のシグナルとして活用しようというものである。雇い主があらかじめ、「この人は優秀だ。雇っても大丈夫だ」とわかっていれば雇い控えする必要がなくなるので効果的である。人的資本のシグナルの精度を上げることが、雇い控えを減らすためのひとつの方法として考えられるのである。

教育制度と職場への移行

教育制度については、特にドイツの「デュアル・システム」が優秀だということがいろいろな研究で言われている。ドイツの職業高校あたりでは、週の半分は学校に行って勉強し、残りの半分は職場に行っていろいろな仕事をオン・ザ・ジョブ・トレーニングで習う。それが「デュアル・システム」と言われるものである。ドイツでは、この取り組みが比較的スムーズに行われていて、高く評価されている。

単純に考えれば、職業教育に力を入れて評価を標準化すれば移行がスムーズになるのかもしれない。ドイツでは、高校を卒業するときに全国統一の卒業試験のようなものが存在していて、それをパスしないと高校を卒業できない。一方、日本は各高校の判断で卒業させているので、高校を卒業したことの意味が人によってかなり違っている。つまり、教師の温情で何とか卒業できた人と、非常に優秀な成績で卒業した人の区別が、日本ではつきにくい。高校による学力レベルの差も大きい。それに比べれば、全国統一試験の結果は、人的資本のシグナルとしてずっと信用できるというわけである。とはいえ、ヨーロッパの制度を日本でそのまま導入しても、果たしてうまくいくか、という問題が残るので、この点についてはもっと検討が必要であろう。また、教育の標準化を推し進めていくと、個々の学校の事情に応じた柔軟できめ細やかな対応が難しくなっていくので、両者のバランスをどう取るのかが問題になろう。

福祉レジームの３タイプ

若者の自立と社会制度の関係を考える上では、福祉レジームが重要である［Esping-Andersen 1990=2001］。社会福祉には、国によっていろいろなタイプがあるが、福祉の担い手と不平等を基準に分類したタイプを福祉レジームと言い、欧米についての研究では３種類、または４種類のタイプに分類されている。

ひとつめの福祉レジームは自由主義レジームと言われるタイプで、アメリカやイギリスが典型的である。政府が援助するのは最低限に留めて、あとは市場のメカニズムに任せる、つまり自分で健康保険や年金を買ってもらうようなタイプである。とうぜん不平等は大きくなる。

ふたつめは、保守主義レジームである。このレジームでは、政府が福祉の主な担い手であるが、職種によってその保障の程度がかなり違うタイプである。ドイツやフランスが典型とされ、日本もこのタイプに似ている面がある。たとえば、年金をみても、国民年金、厚生年金、各種の共済組合があり、年金システムが細かく分かれている。当然、お金があるところとないところがあり、その間の不平等が大きい。それから、保守主義レジームは家族主義的なところがあり、家族の役割が相対的に強いとも言われている。

3つめが北欧に代表される社会民主主義レジームである。よくスウェーデンが例示されるが、こういった国々では、税金が高い分、充実した福祉が政府によって比較的平等になされている。日本の生活保護のように、「お金がなくてかわいそうだからあげる」ではなく、市民の当然の権利として給付が得られる仕組みと言われている。

なお、上記3つのレジームのほかに、南欧型と東アジア型のレジームを分けて論じることもある[Goodman and Peng 1996=2003, 宮本太郎他 ２００３, Lee and Ku 2007]。南欧型も東アジア型も、家族が社会福祉の重要な担い手であるという点ではよく似ていて、日本の福祉制度もこれらのレジームに近いと言われている。

なぜ、このような福祉レジームが若者の自立と関係あるのかと言うと、福祉レジームによって若者の困難の程度が大きく異なると言われているからである［Mayer 2001, Breen and Buchman 2002, Blossfeld, Klijzing, Mills and Kurz eds. 2005］。保守主義レジーム、特に南欧型では、家族が福祉の担い手として重要で、政府も年長の男性を通して家族を援助することが多いので、若者は政府から直接援助を受けにくい。また、保守主義レジームや南欧型レジームでは雇用保護を通して、人々の生活を安定させようとするので、まだ職を得ていない若者にとっては、職を得るチャンスが限られてしまう。それに比べれば、自由主義レジームの場合、雇用は保護されていないかわりに空席ができやすいので、若者にとっては職を得るチャンスが比較的多い。しかし、失業したりした場合には政府から十分な支援が得られるとは限らない。社会民主主義レジームでは、自由主義レジーム同様、雇用の流動性が高いが、さまざまな形態の給付付き職業訓練が充実している点で、自由主義レジームよりも若者に対する手厚い援助があると言える。しかし、このような福祉制度を支えるためには、多くの人が働いて高い税金や年金の掛け金を支払う必要がある。

今後の課題

今後の研究課題は、３つある。ひとつめは、ジェンダーと若者の自立の関係である。これまでの議論でもジェンダーの問題と自立の問題は密接に関係していることがわかるが、その関係についてはまだまだ研究が足りない。もうひとつは、「ひきこもり」の予防と対処。どうしたらいいのか、まだよくわかっていないことが多い問題である。３つめは、「フレキシキュリティ」の追求で、これはフレックスとセキュリティをくっつけた用語である。つまり、雇用は柔軟にして必要なところに人をどんどん配備し、同時に生活のセキュリティも守るということである。このふたつをどうやって両立させるのかが、大きな課題になっている。

[注]

（1）これは直感的には不思議な現象である。単純に考えれば、非正規雇用で経済的に不安定な女性は、結婚したがるのではないか？　と思われるし、インタビュー結果からもそのような傾向が知られているからである［日本労働研究機構 ２０００］。

（2）ただし、ひきこもりを続けた結果、精神疾患を発病するケースもある。

（3）非正規雇用は必ずしも若者の自立の障害ではなく、そういう働き方を望んでいるし、それで経済的自立に差し支えないという若者もいる。そういう人たちのニーズにも目配りしないと、バランスを欠いた議論になってしまう。非正規雇用の問題は、トラップとしての性質や、賃金が不当に低く抑えられていることが多い点にある。

[文　献]

井出草平［２００７］『ひきこもりの社会学』世界思想社
大沢真理［２００７］『現代日本の生活保障システム――座標とゆくえ』東京大学出版会
亀山俊朗［２００６］「フリーターの労働観――若者の労働観は未成熟か」太郎丸博編『フリーターとニートの社会学』世界思想社、１４４～１６７頁

国立社会保障・人口問題研究所編〔２０１０〕『人口の動向日本と世界 ２０１０——人口統計資料集』厚生統計協会
齋藤環〔２００３〕『ひきこもり文化論』紀伊國屋書店
酒井正・樋口美雄〔２００５〕「フリーターのその後——就業・所得・結婚・出産」『日本労働研究雑誌』47（1）、29〜41頁
太郎丸博〔２００８〕「社会階層論と若年非正規雇用」直井優・藤田英典編『講座社会学 13階層』東京大学出版会、２０１〜２２０頁
——〔２００９〕『若年非正規雇用の社会学』大阪大学出版会
太郎丸博・吉田崇〔２００７〕「若者の求職期間と意識の関係——やりたいことは内定率に影響するか」『理論と方法』22（1）、１５５〜１６８頁
永瀬伸子〔２００２〕「若年層の雇用の非正規化と結婚行動」『人口問題研究』58（2）、22〜35頁
日本労働研究機構編〔２０００〕『フリーターの意識と実態——97人のヒアリング調査より』
宮本太郎・イトペング・埋橋孝文〔２００３〕「日本型福祉国家の位置と動態」G. Esping-Andersen編『転換期の福祉国家——グローバル経済下の適応戦略』早稲田大学出版部、２９５〜３３６頁
宮本みち子〔２００４〕『ポスト青年期と親子戦略』勁草書房
山田昌弘〔１９９６〕『結婚の社会学——未婚化・晩婚化はつづくのか』（丸善ライブラリー）丸善
Bell, D.[1973] *The Coming of Post-Industrial Society: A Venture in Social Forecasting*, Basic Booksreissue. edition.〔内田忠夫訳『脱工業社会の到来』ダイヤモンド社、１９７５〕
Blanchard, O. [2006] "European Unemployment," *Economic Policy*, 21(45): 5–59.
Blossfeld, H.-P.,- E. Klijzing, M. Mills, & K. Kurz eds. [2005] *Globalization, Uncertainty and Youth in Society*, Routledge.
Breen, R. & M. Buchman [2002] "Institutional Variation and the Position of Young People: A Comparative Perspective," *American Academy of Political & Social Science*, 580: 288–305.

Cassirer, N. [2004] "Change in Part-Time Work across Occupations, 1970-1990," *Research in Social Stratification and Mobility*, 20: 145–84.

Esping-Andersen, G. [1990] *The Three Worlds of Welfare Capitalism*, Princeton University Press.〔岡沢憲芙・宮本太郎訳『福祉資本主義の三つの世界――比較福祉国家の理論と動態』ミネルヴァ書房、２００１〕

Goodman, R. & I. Peng [1996] "Welfare States in East Asia," G. Esping-Andersen ed., Welfare States in Transition: National Adaptation in Global Economy, Sage, .

Lee, Y.-J. & Y.-W. Ku [2007] "East Asian Welfare Regimes: Testing the Hypothesis of the Developmental Welfare State," *Social Policy & Administration*, 41(2): 197–212.

Mayer, K. U. [2001] "The Paradox of Global Social Change and National Path Dependencies," A. E. Woodword & M. Kohli eds., *Inclusions/Exclusions*, Routledge, 89–110.

Ono, H. [2003] "Women's Economic Standing, Marriage Timing, and Cross-National Contexts of Gender," *Journal of Marriage and the Family*, 65(2): 275–86.

Raymo, J. M. & M. Iwasawa [2005] "Marriage Market Mismatches in Japan: An Alternative View of the Relationship between Women's Education and Marriage," *American Sociological Review*, 70(5): 801–22.

Steijn, B., A. Need, & M. Gesthuizen [2006] "Well begun, half done? Long-term effects of labour market entry in the Netherlands, 1950-2000," *Work, Employment & Society*, 20(3): 453–72.

Wenger, J. B. & A. L. Kalleberg [2006] "Employers' Flexibility and Employment Volatility," *American Journal of Economics & Sociology*, 65(2): 347–82.

column 3

不可視化される「女性の〈若者問題〉」

金井淑子

❖生き難さのジェンダー非対称性

新たな言葉・概念は、不在化あるいは潜在化されている問題をあぶり出す。セクハラという言葉が労働の場面で不問視されてきた女性の経験を女性の人権侵害とする認識へのパラダイム転換となったように、「若者問題」は、ニート・フリーター・パラサイト・社会的ひきこもりなどある時期までは若者の労働の忌避や甘えや怠け者といった見方で、若者個々人に帰してきた問題を一気に社会問題化させた。実際、今日の「若者問題」は、90年代後半から2000年代にかけて大きく変貌した若者労働市場の悪化を背景とし、不安定な雇用と所得、それにともなう将来展望の困難を抱える若者の増加、またそれに追い打ちをかけて2008年来の経済危機が、若者の非正規化やワーキングプア化を加速化させ、労働から排除された若者の社会への帰属の危機（社会的排除）という問題を大きく浮上させたことにある。「排除」から「包摂」へ、自立の困難に直面する若者を対象とする包括的支援の取り組みが今日の「子ども・若者育成支援推進法」の制定にまでつながっている。

だがそうした動きの中で、「女性の〈若者問題〉」はどう位置づけられているか。もとより「女性問題」は、「若者問題」にはるかに先行し、戦後日本社会の高度成長期に登場する「主婦」という新たな女性像の中にある「縛り」、その固有な生き難さへの気づきに由来する。「女性学」や「ジェンダー研究」の登場を促し、「女性の自立困難」や「女性の貧困」問題と理論的にも実践的にも格闘してきた歴史的な蓄積をもつ。哲学・倫理学研究を背景にしてこの女性学・ジェンダー研究にも関わってきた私の関心からは、「若者」と定義される年齢層に固有の生き難さの問題が「若者問題」として注目されることによって、かえって女性の「若者問題」、「若い女性」の自立の困難や格差社会の進展や女性の貧困化の問題が不可視化されているのではないかという危惧を禁じえない。

「誰が自立の困難に直面しているか」。この「誰が」の問いの中には、「低学歴」者（高校卒）、中途退学者とともに、もちろん「女性」がその対象に含まれている。だが、やはりその中心的対象は、就労から疎外された若い男性の問題であって、そうした議論の土俵には、女性の若者問題は乗りにくい。もとより状況的には均等法後の日本社会の男女共同参画社会では、女性にとっては追い風状況ということもあり、多様な生き方の選択肢が拓かれ、女性が「産み」かつ「働き続ける」ライフスタイルを支える制度的環境整備も進んでいる。むしろ正規職から非正規職への排除が急速に進む男性の状況のほうにこそ厳しさは増し、男性の間にこそ生き難さ感が強まっているという見方もある。確かにそれも事実ではあるのだが、しかし実際には、若い女性を取り巻く状況も男性に劣らず厳しさを増している。なぜかそのことがみえづらい。女性の「若者問題」が顕在化されにくいのは、なぜなのか。

ひとつには「若者問題」をもっぱら「労働からの排除」にみるその捉え方に問題があるのではないか。社会的なひきこもり状態にあるのは「男性が約8割」と言われる。しかしそもそもこのような数字で取り上げられる「若者問題」論の前提には、若者の労働の忌避・労働からの排除を問題視する見方があり、若者の「労働への自立」をどう促すかという議論が先行する。学校教育から労働への移行において挫折したかれらをどう社会化するか。そのための社会的包括的支援策に議論は焦点化される。そこでは女性のニートやパラサイトやひきこもりは、結婚予備軍の「家事見習い」としてみなされ、社会的なあるいは政治的な課題として問題化されることはない。このような「若者問題」の議論においては、女性の自立の困難についての、とくにそれが現在メンタル系の諸兆候をもって問題が表出してきていることは不可視化されてしまう。女性のうつ症状やさらに食べ吐きの摂食障害やリストカットなど諸種のアディクション問題、じつは生命の危機にも及びかねない形で表出している、臨床現場から報告される若い女性たちの危機的状況、深刻な自立不全をうかがわせる問題は取り落とされてしまう。

男女共同参画社会の条件整備の一環として、女性が「産み」かつ「働き続ける」ライフスタイルと女性のマルチ・キャリアパス・モデルの開発などの政策展開の中で、むしろそれとは裏腹に、逆説的な形で起こっている若い女性たちのアイデンティティ・クライシスをうかがわせる諸兆候。そこには彼女たちの内面の自立不全の深い危機ともみるべき、「働くのが怖い」「産むのも怖い」という声がみえ隠れする。女性の場合はなぜこのようなメンタル系諸兆候として問題が現れるのか。もっとそれが深く問われねばならない。以下、「不可視化される、女性の〈若者問題〉」の、今日の若者の間にある「生き難さのジェンダー非対称性」の問題に焦点を当て、格差社会論や「若者問題」をめぐる議論が不在化させている側面を顕在化することを試みたい。

❖格差化社会とジェンダー――女女格差・男男格差

図表（次頁）は、「格差社会とジェンダー」として、今日の格差化社会の構図と、若者問題における「生き難さのジェンダー非対称性」の問題の可視化を試みたものである。

まず俯瞰的には、今日の「若者問題」が、格差化社会の背景にある労働市場における雇用の流動化による若年労働雇用の悪化、正規職から非正規職への若者の排除として起こっていることが読みとれよう。しかしその要因には、女性内部の階層分化によ

図表　不可視化される女性の「若者問題」

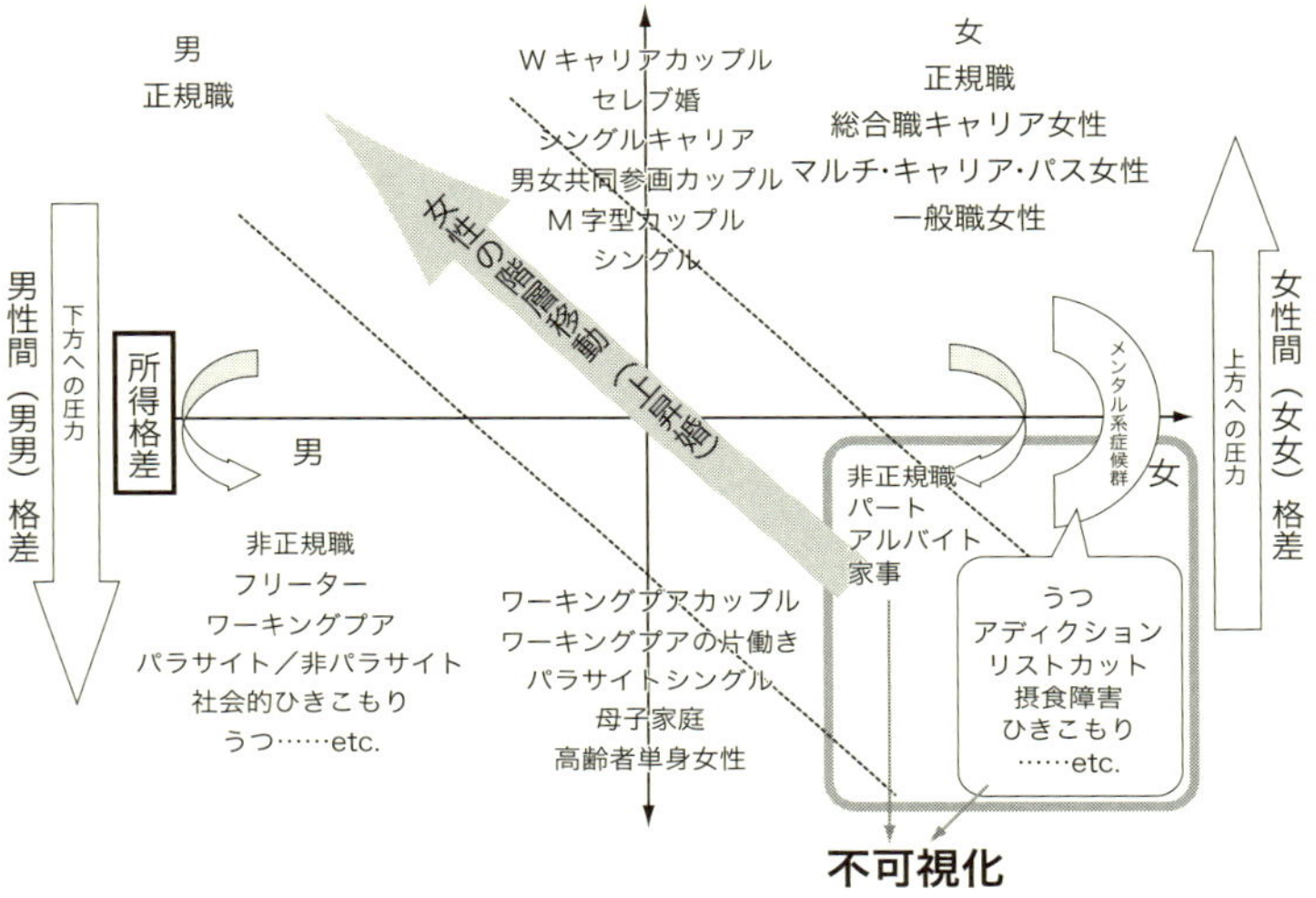

る「女女《じょじょ》格差」の進行が関係している。この女性の側で起きている格差化が、じつは、現在の社会全体が女性の社会参画を促し女性活用に向けて女性を上に押し上げる方向へと向かう「上方への圧力」としてあるということもみえてくる。対する男性の側で進む格差化は、「男性労働の非正規化」に起因する、男性への「下方への圧力」の中で起こっている。今日の格差問題が、ジェンダー間格差の問題にとどまらない、同一ジェンダー内の「女女格差」・「男男格差」の問題を浮上させているゆえんである。

「女女格差」の中でなにが進行しているのか。現在、女性にとって追い風状況であることには触れた。「上方への圧力」の中でのとくに女性の高学歴層に向けての追い風である。高学歴層女性を雇用の場に戦力化するための専門職・キャリア職として取りこぼさないための施策、すなわち女性の大卒者あるいはそれ以上の学歴層を対象とするキャリア形成への手厚いキャッチアップ政策が展開中である。科学技術立国をめざす日本社会の産業振興政策の一環として位置づけられた理系女性研究者育成策である。また男女共同参画社会推進政策における女性の管理職等の参画率を上げていくということが国際社会からの要請としても国策的課題となっている事情もあろう。いずれにしても産業界・国家挙げての女性の社会的戦力化という動きの中での女性への追い風である。

雇用均等法以後の女性の働き方には、総合職か一般職かの二者択一的な選択の踏み絵が不可避であったが、現在は、出産や子育てというライフサイクルを組み込んだキャリアパス・モデルとして専門職性を生かしかつ女性のライフサイクルに合わせた職業生活をデザインするという方向を、社会全体が推奨している。こうした「マルチ・キャリアパス・モデル」開発とも相まって、働く女性への上昇圧力は、女性内部の階層分化を推し進め、均等法以来の総合職キャリアモデル、マルチ・キャリアパス・モデル、一般職女性（男女共同参画社会モデル）の分化を生み、さらに従来型の女性の働き方のパート・アルバイトも加わって、働く女性の内部は多様化をみせている。しかしこの多様化は決してバラ色ではない。そこにあるさまざまな矛盾が以下にみるような女性の問題の新しい側面をもたらしてもいる。

まず、この女性内部の格差化は、社会全体の再生産構造の格差化を導く大きな要因として働く。すなわち格差問題は、正規・非正規の雇用格差にとどまらず、むしろ女性の働き方や結婚観の変化が女性内部に生き方の多様化をもたらし、女性の中の多様な働き方のモデルによって、女性がシングルで生きるライフスタイルも含めてパートナーとして選ぶ男性との組み合わせによって、そこでできるカップル間の所得格差のヒエラルキーを生み、それがそのまま次世代の再生産コストの格差化を導く形で格差社会の固定化につながっていくという構図である。

図表右下部には、女性への上昇圧力の対極にある、低学歴や中途退学など「女女格差」の非正規側に位置づけられる女性たちの状況がある。このような格差社会のしわ寄せが彼女たちにどのような影響をもたらしているかについては関心が向けられず不可視化されたままである感が強い。もともと女性のフリーターやニートについては、彼女らを結婚という就職への予備軍とみなす社会通念が、非正規職に排除された女性の問題を不可視化してしまう一因となっている。女性の「若者問題」がメンタル系諸兆候をとって表出していることの背景には、労働を通しての自らの自立のデザインをもって挑戦したもののそこからはじかれた女性たちの姿があるだろう。労働による自立から排除され社会通念が誘導する女の幸せにも同一化できない自立不全感が、今日の女性たちのメンタル的諸兆候の背景となっていることも予想される。他方、キャリアで自己実現を手にしているようにみえる「バリキャリ」女性が、じつはリストカットを繰り返したり摂食障害でメンタルクリニックに通院しているという臨床現場からの報告をどう受け止めるかという問題もある。キャリア志向で生きる女性のきつさや、不本意にも就労の機会から排除され自身の将来に対する展望のないジレンマ、これらの女性の「若者問題」が、正規職・非正規職の境界線をはさんでメンタル系諸兆候として表出していることこそ、図が可視化しようとしたことである。女性内部で起こっている変化とくに若い女性の間の「働くこと」や「産むこと」に対する意識や行動が、次世代の再生産にもつながる格差要因としてあるとすれば、「若者問題」の自立支援策の成否の鍵は、施策が女性の「若者問題」に届くものであるか否かにかかってくると言っても過言であるまい。

❖社会的包括的支援によりきめ細やかな視点を

「社会的包括的支援」の中にメンタルヘルスケアの観点を踏まえた施策・支援策の展開と、女子の教育・雇用の対応関係が相変わらずあいまいであることに着目しその是正を図る施策の展開を期待したい。男女共同参画社会と女性のキャリア教育の推進を図るためには、「ジェンダーの視点」に立つ若者問題の取り組みが不可欠とされるということも加えたい。女子のライフデザイン教育あるいはエンパワーメント教育を大学より下の中・高校生レベルまでに浸透させる。その際の自立課題を、労働・就労への自立課題としてだけでなく、女性が自らの性と身体に対する自己尊重感を育むという課題にも引き入れる。女性が自らの産む身体をもつ存在であることを自己否定せずに、社会的な主体化も図ることができる。そうした労働と生活のあり方、女性の自立課題を、キャリア志向の自己実現という方向だけでなく、女性の身体と性への自尊感情の育みの視点からもみていく必要がある。

　女性のメンタル系諸兆候が映し出す自立不全に目を向けることは、フリーター化する若者たちの間から「フリーターズ・フリー」の言葉をもって、「働くことの意味にこだわるからフリーター的生き方を選択する」という主張がなされたことの意味をどう受け止めるかということともけっして無関係ではないはずだからだ。若者の自立に向けた「包括的支援」と「パーソナル・サポート」の言葉の意味を、「働くことの意味を問うこと」や「自己尊重感の回復」といった課題の中にまで拡張したところで捉え返すものであることを切に期待したい。

〔文　献〕

金井淑子［２００７］『異なっていられる社会を――女性学／ジェンダー研究の視座』明石書店
――［２０１１］『依存と自立の倫理――〈女《わた》／母《し》〉の身体性から』ナカニシヤ出版
――［２００８］「大学に、男女共同参画とネオリベがやってきた――グローバル資本主義下、女性労働力の再配置・格差化と大学」季刊『ピープルズ・プラン』43号、２００８年夏、ピープルズ・プラン研究所

第II部

新たな若者政策の実現に向けて

第5章　若者の自立保障と包括的支援

宮本みち子

新しい若者観と若者政策

１９９０年代から２０００年代にかけて生活基盤の不安定な若者が急増したことは、若者の新しい社会的リスクが生じていることを示している。それは単に「就職難」というに留まらない広く深い内容を含んでいる。つまり、これまで雇用セクター（就職による生活保障）と家族セクター（親による養育・扶養の担保）によって吸収されていたリスクが吸収されなくなっているのである。それに加えて、非婚や離婚などの新しいライフスタイルにともなうリスクがそれらと結合しているため、不安定化を増幅しているともいえる。しかも、成人期への移行が長期化し、不安定な時期が長引くようになると、経済的に頼れる親をもった若者とそれがない若者、難局を打破できる情報力をもった若者ともたない若者というように、若者のなかでも二極化している。〝条件に恵まれない若者〟が安定した生活基盤を築くことは、以前より難しくなっている［宮本 ２００２］。

このような状況をいち早く経験した欧米の先進諸国では、１９９０年代には新たな若者政策が登場した。それは、「成人期への移行」に焦点を当てることから移行政策ともいう。移行政策は、若者を社会の成員として迎え、大人としての地位を獲得することを保障し、それによって社会の統合を図ることに中心課題がある。教育・訓練政策、雇用政策、社会保障、住宅に関する政策などが移行政策の要素を成している。

たとえば、欧州連合（ＥＵ）の若者政策の枠組みをみると、第1に、グローバル化と少子高齢化する社会の将来の担い手を育て、第2に、若年雇用の悪化による若者の二極化と社会的排除を防止し、第3に、若者のシティズンシップを強化することに力点が置かれている。これらの枠組は、工業化の時代の終焉後に登場する新しい若者観を表すものである［宮本 ２００６］。

青年期から成人期への移行は、「学校から仕事への移行」「親の被扶養者から自立した経済主体への移行」「親の家から自分自身の家庭への移行」「親を通した社会保障の権利から、完全なシティズンシップへの移行」などによって構成されている。これらは相互に関連している。これらの移行を遂げることが、若者の自立と自律性を獲得することであるとみなし、それを保障することが若者政策の中核をなしている。このように欧州では若者政策の登場が１９９０年代であったのと比較すると日本での登場は遅く、２０００年代中盤を待たねばならなかった。

人生前半期の社会保障の強化と若者政策

新たに生じた若者のリスクに対応する若者政策は、学卒、就職、離家、独立世帯形成、家族形成などのステップを支える社会経済環境を整備することにある。このことは、高齢期に力点を置く社会保障制度を人生前半期の社会保障制度へとシフトさせるという構想の一部となる。ここで重要なのは、若者とは自立を目標としつつ、完全な成人に達する前の社会的支援の対象でもあるという点である。とくに、不安定な生活基盤しかもてない若者が増加している事態に対する社会的取り組みを重要施策として位置づけるべきである。

では、人生前半期の社会保障制度は、若者に関しては何を図るべきだろうか。若者が成人期へと移行するためには、働けること（労働市場への参入）はきわめて重要な条件である。そのためには、教育と労働市場に橋をかけ、どのような条件を負う若者も、学校教育から労働市場へと参加するための社会的支援が担保されていることが重要なポイントとなる。

具体的にいえば、成人期への移行を構成するのは、学校から社会へのスムーズな移行を支援する学校教育、求職支援、住宅支援その他の支援サービスのセットで、これらを、宮本太郎は自立支援型社会保障制度という。宮本によれば、自立支援型社会保障制度は発射台型の制度でもある。経済的・非経済的に脆弱化している現代家族と、不安定化する労働市場という現実を直視して、若者が人生のスタートを切ることができるような環境条件を整え、支援するサービス体系である［宮本太郎 ２００６］。

その内容としては、たとえば、学校教育において、職業人として社会人として必要な知識やスキルを与えるキャリア教育、シティズンシップ教育、消費者教育、法教育等が必要である。求職支援、情報提供、離家に必要な住宅や経済援助等もある。また、不安定就労の若者層の増加や、離転職率の上昇という状況からは、労働市場と教育機関とを行き来できる環境の整備が必要である。また、労働市場のなかで、転職、パートタイム労働とフルタイム労働間での移行、事業立ち上げを支援する政策群や、失業を脱して労働市場へと入るための職業訓練や再訓練機会の拡充と、そのための経済援助が必要である。これを宮本太郎は、交差点型の制度と称している。

いずれにしても、若者政策の基本的スタンスは、この世代の誰でも労働市場の内部と外部の両方で、構成メンバーとしての地位と役割を得て社会に参加できる条件を獲得できることにある。若者の新しいリスクに積極的に対応する社会政策は予防的効果を発揮し、事後的保障の負担を軽減するはずだという点が重要である。

誰がもっとも困難な状態にあるのか

若年労働市場が厳しさを増すなかで、ハンディをもつ若者ほど、もっとも困難な状態に置かれている。２０００年代中盤から全国で本格的に広がった若者支援機関が対象としている若者たちの多くは、

図表1　各学校段階における卒業者・中途退学者の状況（一部推計）

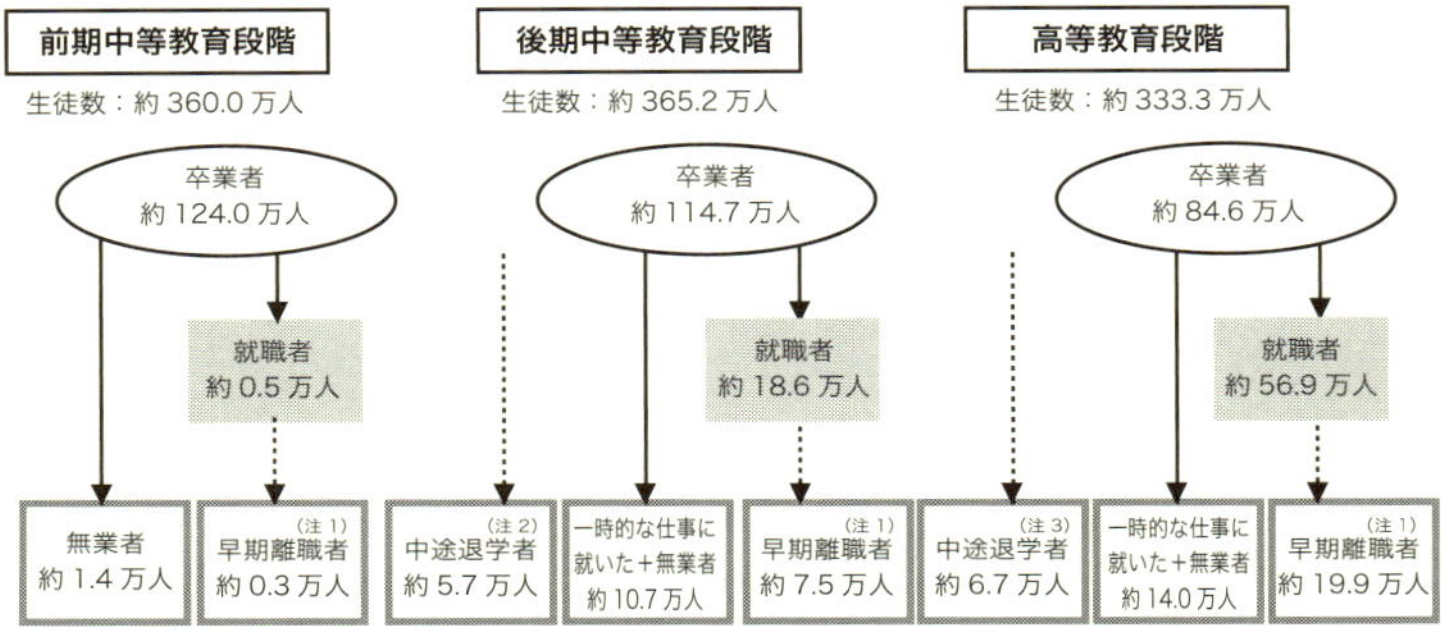

※上記の人数の中には、当然その後進学や就職をするものも含まれる。

前期中等教育段階：中学校、中等教育学校前期課程、特別支援学校中等部
後期中等教育段階：高等学校、中等教育学校後期課程、特別支援学校高等部、専修学校高等課程
高等教育段階　　：大学、短期大学、高等専門学校、専修学校専門課程

注１：厚生労働省「新規学校卒業就職者の就職離職状況調査」における平成 19 年 3 月卒業者の 3 年以内の就職率より推計。
注２：高等学校のみ。文部科学省「平成 21 年度　児童生徒の問題行動等生徒指導上の諸問題に関する調査」より。
注３：大学・短期大学・高等専門学校のみ。文部科学省「各大学の授業料滞納や中退等の状況（平成 19 年度末）」より推計。
出所：上記以外は、文部科学省「平成 22 年度　学校基本調査」より。なお、「無業者」とは、同調査における「左記以外の者」のこと。ただし、専修学校の進路状況は、文部科学省調査より推計。

学校段階あるいは幼少時にすでに経済的、非経済的なハンディを負っていたという事実が明らかになりつつある。いわゆる「ニート」の状態にある若者は、怠け者ではなく、高度化する職場と、高度化する社会に適応することがもっとも困難な若者層なのである。日本に限らず先進工業国は、学校を出ても安定した仕事に就けない若者層の問題を抱えるようになっている［宮本みち子２００８］。

　大学進学率が5割に達し、18歳人口の8割近くが各種の教育機関に進む高学歴社会であるが、高学歴社会に特有の二極化現象がある。労働市場がますます競争的で高度化するなかで、高学歴の流れに乗れない・乗らない若者が

図表２　学歴別フリーターの割合

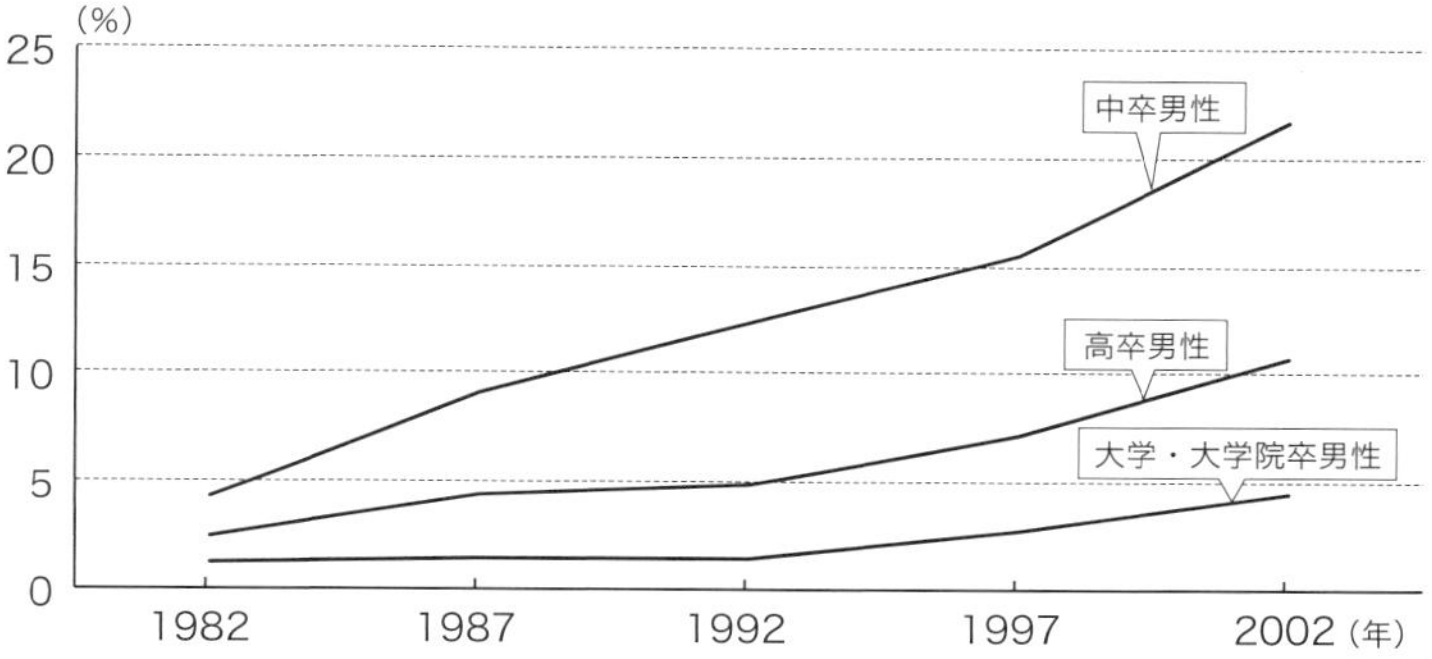

注：学歴別生涯賃金（男性）は、高卒約 260 百万円、大学・大学院卒約 300 百万円。
出所：小杉礼子・堀有喜衣『若者の包摂的な移行支援に関する予備的検討』労働政策研究・研修機構［2006］

生活基盤を築くことは容易ではない時代に入っているからである。しかし、世間はこれらの若者に無関心である。高校中退者の問題は高学歴社会における低学歴者問題としてもっと重視するべきテーマのひとつである[1]［青砥　２０１０］。

数字で見てみよう。**図表1**は、各学校段階における卒業生・中途退学者の状況を表したものである。高校段階に焦点を当てて見てみよう。平成21年度には１１４・７万人が高校を卒業しているが、そのうち10・７万人（９・３％）が一時的な仕事に就くか無業で卒業している。18・６万人（16・２％）が就職しているが、そのうち40・３％（７・５万人）は３年以内で離職している。それ以外に、年間５・７万人が中退している。この図とは別に同時期に入学した生徒が３年間にどれだけ中退したかを計算してみると、おそらく５〜６％が中退していることになるが、計算に用いた数値は省略する。その他に原級留め置きが１・２％ある。通信制高校への転学者は含んでいないが、このなかにも多くの問題が潜んでいると思われる。

図表３　学歴別無業者の割合

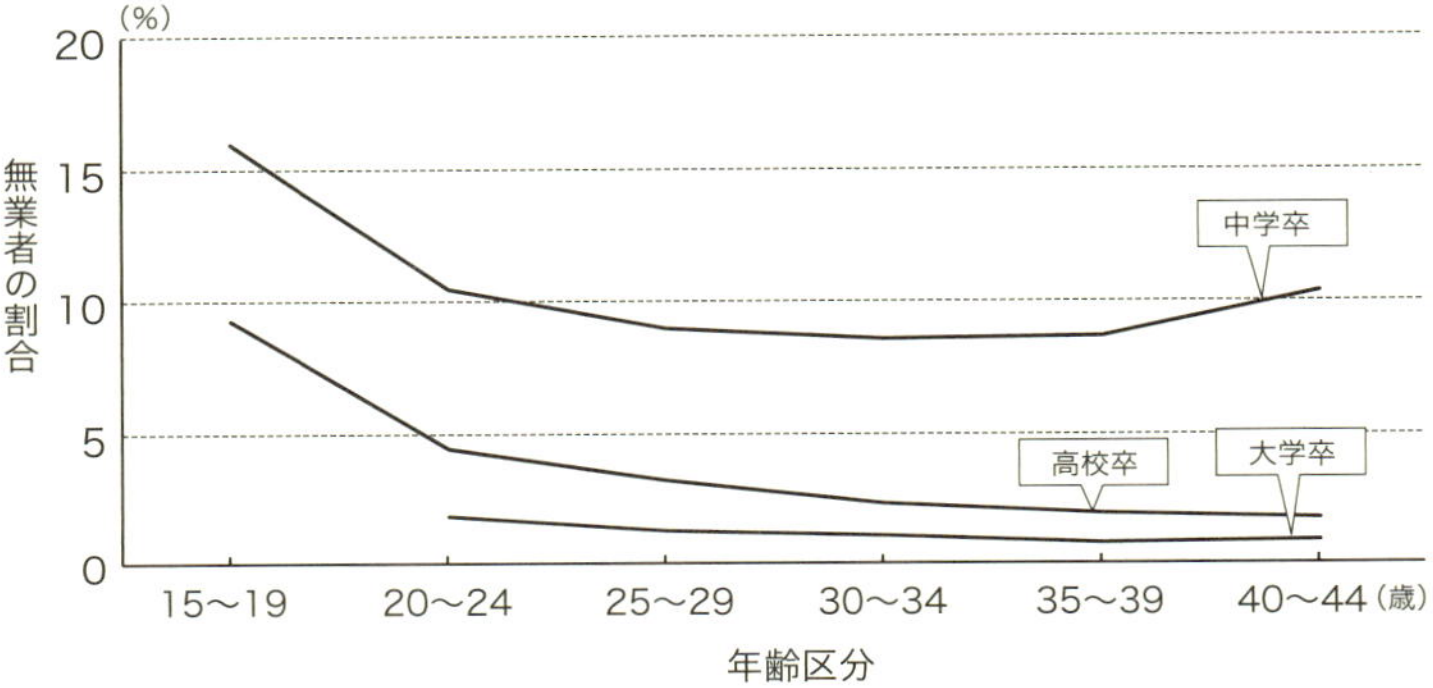

出所：「平成 19 年版就業構造基本調査」労働政策研修・研究機構による再集計より

くどいように数字をあげたのは、高学歴の時代にあっても、高校を中退したり、あるいは高卒後に進学せず、無業の状態や安定した職に就かないままの高卒者が、ざっと数えても2割強から3割に達しているという事実を示したかったからである。これらの若者の実態に懸念を感じるのは、失業者をはじめ、フリーターの割合（**図表2**）、無業者の割合（**図表3**）は、中卒と高卒で圧倒的に高くなっているからである。しかも、2000年代の中盤から全国で始まった若者自立支援の取り組みのなかで、若者支援機関を訪れる若者に、高校その他の中退者が多いことが認識されるようになった。とくに労働市場が悪化した地域でより著しい。来所する若者は中退後何年も経過していることが多い。つまり、労働市場における格差拡大のダメージは、これらの若者に集中している。[2]

中退者調査からわかること

内閣府が高校中退後2年以内の者を対象に実施した調査

図表４　中退後の状態

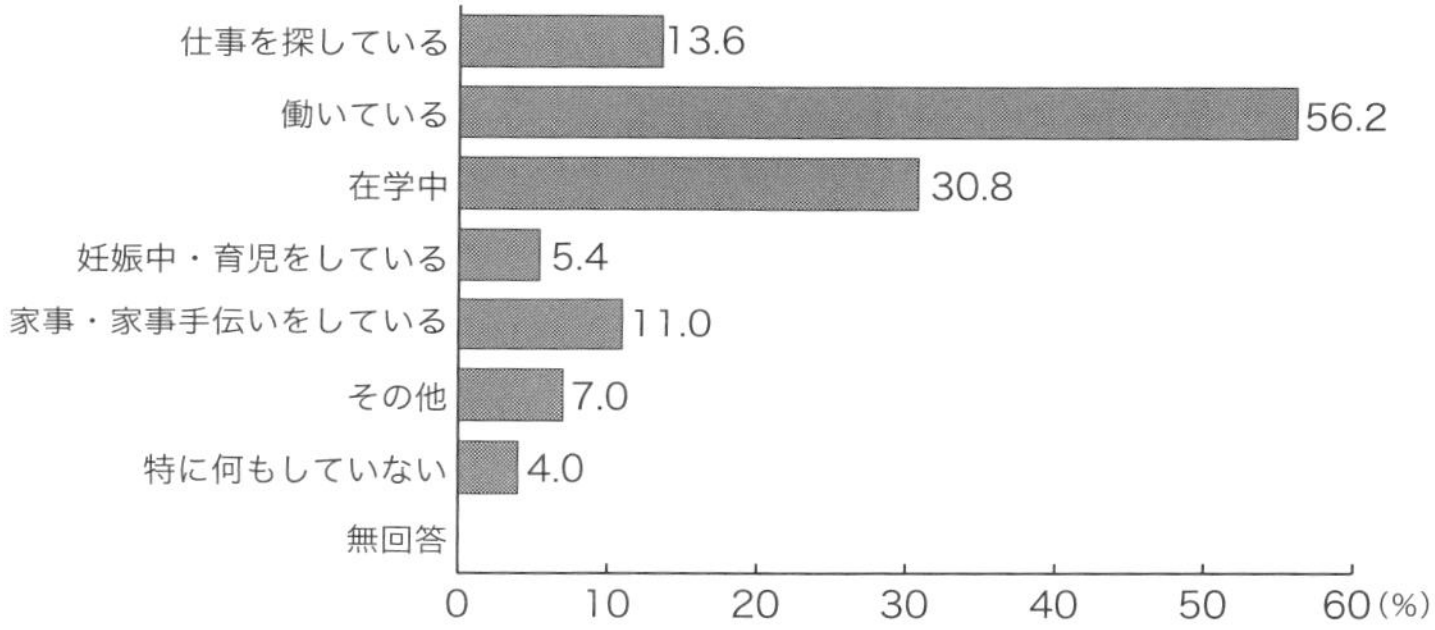

出所：内閣府「若者の意識に関する調査（高等学校中途退学者の意識に関する調査）」

結果を見てみよう[3]。この調査は、２０１０年４月に施行となった「子ども・若者育成支援推進法」[4]の目的に添って、困難を抱える若者に対する包括的支援体制を作るために実施されたものだった。調査の重点は、中退後の状態とニーズを把握することだった。

現在の状況は**図表４**の通りである。中退者の56・２%が働いている。また13・６%が仕事を探している。つまり、約７割の中退者は働いているか求職中である。このなかの17・４%は働きながら在学している。在学者・非在学者を合わせ、**図表５**（次頁）のように、働いている者の77・２%はフリーターである。また、３年後の自分の姿を想像した今後の進路希望は、「正社員として働きたい」（35・９%）、「アルバイトとして働きたい」（９・９%）を合わせて、働きたい者が５割弱を占めている。一方、再入学・進学希望は３割である。

中退する理由や個々人の属性は一様でないとはいえ、「経済的ゆとりがあるか」について「やや苦しい」「苦しい」と回答した者は６割を超えている。割合は少ないが、中退後正社員として働いている者の方が経済的にはゆとりがあると答えている。

図表5　中退後に働いている者の内訳

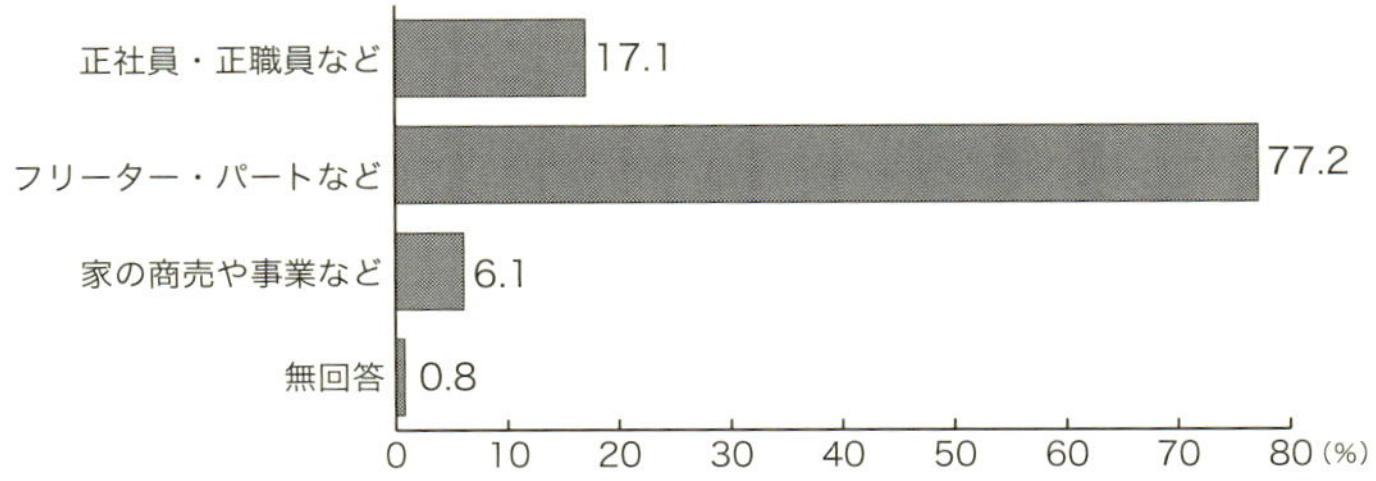

出所：内閣府「若者の意識に関する調査（高等学校中途退学者の意識に関する調査）」

家族構成をみると、母子世帯が21・1%、父子世帯が3・5%を占めている。この数値は、全国の15～20歳未満の子どもがいる親族世帯に占める母子・父子世帯の割合（それぞれ5・8%、1・1%）と比べてかなり高い。また、保護者の学歴をみると、短大・大卒以上の割合が全国値と比べ約半分と大きな開きがある。

働いている場合、アルバイトや条件の悪い就労が多数を占めているのが実態で、長期的にみてキャリアを形成することにつながっていない。ますます高度化する労働市場のなかで、彼ら／彼女らが安定した生活基盤を確立するためには、持続性のあるキャリアを形成することが何よりも必要で、そのためには、職業上の研鑽を積む機会が担保されなければならないだろう。

調査結果をみると、中退時点で「アルバイトとして働くつもりだった」という3割半ばの若者には、アルバイトなどの不安定な就労から脱してキャリアを築く社会的に確立した道筋がない状態にある。「正社員として働くつもりだった」という約1割の若者にとっても同じことがいえる。職業資格を取りたいという希望は4割近くに達している。また、職場実習を受けたいという希望は5割を超えている。

２０１１年４月からすべての学校段階でキャリア教育が導入されたが、学校現場に、「生徒は進学するのがあたりまえ」「進学すれば何とかなる」という前提があるとすれば、労働市場に真っ先に入っていく生徒の抱える問題に応えられるキャリア教育にはならない。しかし、実際のところ、現在進行中のキャリア教育の重点目標にもなっていない。

これらの生徒が社会で生きていくための教育は高校を措いて他にない。その後の教育・訓練機会に恵まれないケースが圧倒的に多いのが実情だからである。労働市場は高度化し、教育訓練を受けていない者は、将来性のない単純労務の世界から脱することができない。しかも、最低賃金水準まで落ち込むような労働市場が拡大していて、ここに格差の拡大が顕著に現れている。

仕事に就くための高校教育の強化

早期に社会へ出て行く生徒のために取り組む必要のある重要な課題として、次の３点をあげることができる。①人生の好調なスタートを切るために、首尾一貫した教育、労働市場、社会政策を保障すること、②不利な状況にある若者が直面している諸問題に対応する効果的な政策を策定すること、③より多くの若者が労働市場でより良いキャリアを築くための支援をすることである。

普通教育優勢の高校教育は、仕事に就いて自立できるための具体的な教育や支援という面が弱い。とくに、学校をドロップアウトしそうな高校生の個別の状態に合わせて、進学に代わる職業訓練や就職支援をする体制が脆弱である。そのため、中退者は知識も職業上の技能もない状態で労働市場に入ることを余儀なくされ、不安定な単純労務に身をさらすことになりやすい。このことは、中退者に限らず、早期に社会へ出る生徒のすべてに当てはまる。

では、どのような代替案があるだろうか。ひとつの方法を考えてみよう。就職率や中退率の高い高校ではアルバイトをする生徒が多いが、それを教育の一環として位置づけることは可能だろう。社会性を身に付けたり、そのまま就職の道につながる可能性のある職場をアルバイト先として、働くこと自体を学校教育の一環に位置づける仕組みである。就労体験の単位化など、教育効果を引き出す工夫をし、教師は、アルバイト先と指導内容を協議し、生徒が働く現場を回ったり、就労体験を教育的に位置づける授業をすることもできるはずである。つまり、学校教育と生産活動をゆるやかに結ぶ教育システムが必要であり、そこでの体験を社会へ出るための知識やスキルや心構えとするのである。また、後に述べるように、高校その他の教育機関における座学と職場とのセットで高校卒業資格を得られるシステムも考えるべきである。

働くことと学ぶこと

就職が厳しくなっているからという理由で、単に進学率を引き上げていくことは多くの疑問がある。大学教育の水ぶくれ状態は、深刻な課題を突きつけている。また、家庭の事情から進学が難しい生徒が抱える問題への取り組みがないがしろにされている。いわゆる学校制度のなかで学び続けることを望まない生徒も少なくはない。

学校から安定した職場へのストレートな移行ができにくくなっているなかで、進学による問題の先送りではなく、時代に見合った教育・訓練機会を豊富にするため、どのような方法が考えられるだろうか。現状からみて、学校と職場を媒介する新しい仕組みを作ることが、とくに不利な条件をもった若者には必要だと思われる。

具体的にいえば、教育（座学）と労働をミックスした職業人養成システムが望まれる。日本と同様の若年雇用問題を抱える欧州等の動きをみると、学校と企業が連携して、基礎教育と現場での労働研修とをセットにしたシステムが普及している。とくに近年は、学校に適応しにくい若者に対して、高校と職業教育機関と職場とが連携して教育・訓練を進めるという手法の効果が認められ、各地で導入されている。つまり、学卒後安定した職場に着地できるまで、移行的・訓練的な場で活動することを制度化しているのである。[5] これを中間的（移行的）労働市場と呼ぶ［宮本　２０１０］。

若者の試行錯誤を支援する社会システムを作る

もういちど中退問題に戻ろう。中退後に進学・復学する場合にも課題がある。卒業資格を与えることに重点が置かれ、進学、復学を問わず、とりあえず学校教育機関に居場所を確保するという方法では、不登校や中退問題の解決にはならない。学ぶ目的があいまいなままの進学によって再び問題が生じていることを軽視できない。

また、中退直後「どうしていいかわからなかった」という約1割の若者を含め、進学をするか、復学をするか、働くかを決めかねて何もしていない状態が続いている若者にとって、一歩を踏み出すための場が用意されてはいない。逡巡している中退者を放置せず、継続的に接し相談に乗る場が必要であることはいうまでもないが、それと並んで必要なことは、社会体験やリハビリテーションの意味合いをもつ様々な活動への参加を促し、これからの道を探る場を作ることである。孤立しがちな中退者が人とのつながりを得るためにも効果的である。

諸外国の取り組みのなかには、フィンランドのワークショップ[6]のように、音楽やアートやスポーツや木工などの活動や、ボランティア活動を、社会との接点をもつための方法として評価し、社会への参加を進めようとするものが少なくない。これらの活動を通して、仲間作り、自分を見つめ直すこと、自己有用感の獲得、働くことに意欲を感じ、やりたいことを発見することが可能となるであろう。先に紹介した中退者調査のなかで、「仲間と出会え、一緒に活動できる施設」に対する希望が5割を超えていることとも合致する。さらに一歩進んで、デンマークの生産学校のように、木工・船大工・塗装・調理・営業事務・音楽など実社会の生産活動に近い教育・訓練の場を作り、社会へ出るために身に付けるべき実際的な知識や技術を教えつつ、人間性の回復の場となり、自信を獲得する場ともなるオールタナティブな教育の場もある［大串 ２００９］。

包括的で切れ目のない若者支援サービス

若者が社会の死角に落ちてしまわないためには、学校と社会とをつなぐ多様な仕組みが必要である。たとえば、学校段階でリスクのある生徒を早期に発見し、学校と地域支援機関（者）が必要に応じて連携しながら、自立に向けた支援をシームレスに継続していくシステムなどである。筆者の研究グループは毎年海外を回り、青少年・若者に対する取り組みを調査している。そこで気付いたのは、学校教育で挫折し、社会に出ることに困難を抱える若者に対する取り組みには共通性があることだった。

複雑な困難を抱えた若者の場合、単一の支援機関では効果が上がらないことが多い。専門諸機関の連携体制が必要なのである。とくに支援機関に足を運ばないような不就労の状態の若者の発見と支援には、このことがとくに必要なことと思われる。就職をゴールとする支援だけでは解決しないことも重要な点である。

２０１０年４月に施行された「子ども・若者育成支援推進法」の理念に関わって、高校と地域の支援サービスを結び付ける動きが始まっている。全国に１１０カ所ある地域若者サポートステーションの一部は、２００９年からアウトリーチ事業として、高校に出向いて生徒の支援サービスを開始し、成果があがり始めている。リスクを抱える生徒を早期に発見し、信頼関係を築きながらカウンセリング等を続け、学校を卒業・中退した後は、地域若者サポートステーションが支援を継続するという手法である。

しかし、内閣府の調査によれば、地域若者サポートステーションを知っている中退者の割合は1割を下回っているという状態であり、周知を図る必要がある。

高卒者や中退者が利用できる専門機関、社会制度や社会サービスの知識や情報を積極的に教え、それらを有効に活用できるようにすることは非常に重要である。卒業・中退時に、生徒に必要情報のセットを配布することが有効であると考えられるが、これを全国に広げるべきである。

困難を抱える若者を放置しない仕組みを作ることは、すべての子ども・若者の自立を見守り支援する社会を作ることでもある。不利な条件を抱える高校生が実社会で生きていける力を獲得できる高校教育への改革と、学校と社会をつなぐ多様で持続性のある社会システムへの改革を進めていく必要がある。

人生前半期の社会保障制度の強化

日本では、若年者雇用問題が深刻化する近年まで、青年期から成人期への「移行期」が明確に意識されることはなく、研究上も社会政策上も議論は未発達のままであった。不安定な就労状態が続き、親の家に居続けることを余儀なくされている若者や、それもできずに路上に出る若者も増加するなかで、これまでの社会保障制度をはじめ行政システムが、変貌する「移行期」の若者をほとんど意識してこなかったことが露呈することになった。それらの若者の存在に気づき始めたことは、社会政策上の大きな変化であったが、これまでの空白を反映して、現状には多くの課題がある。

図表６　人生前半期を支える支援コミュニティ

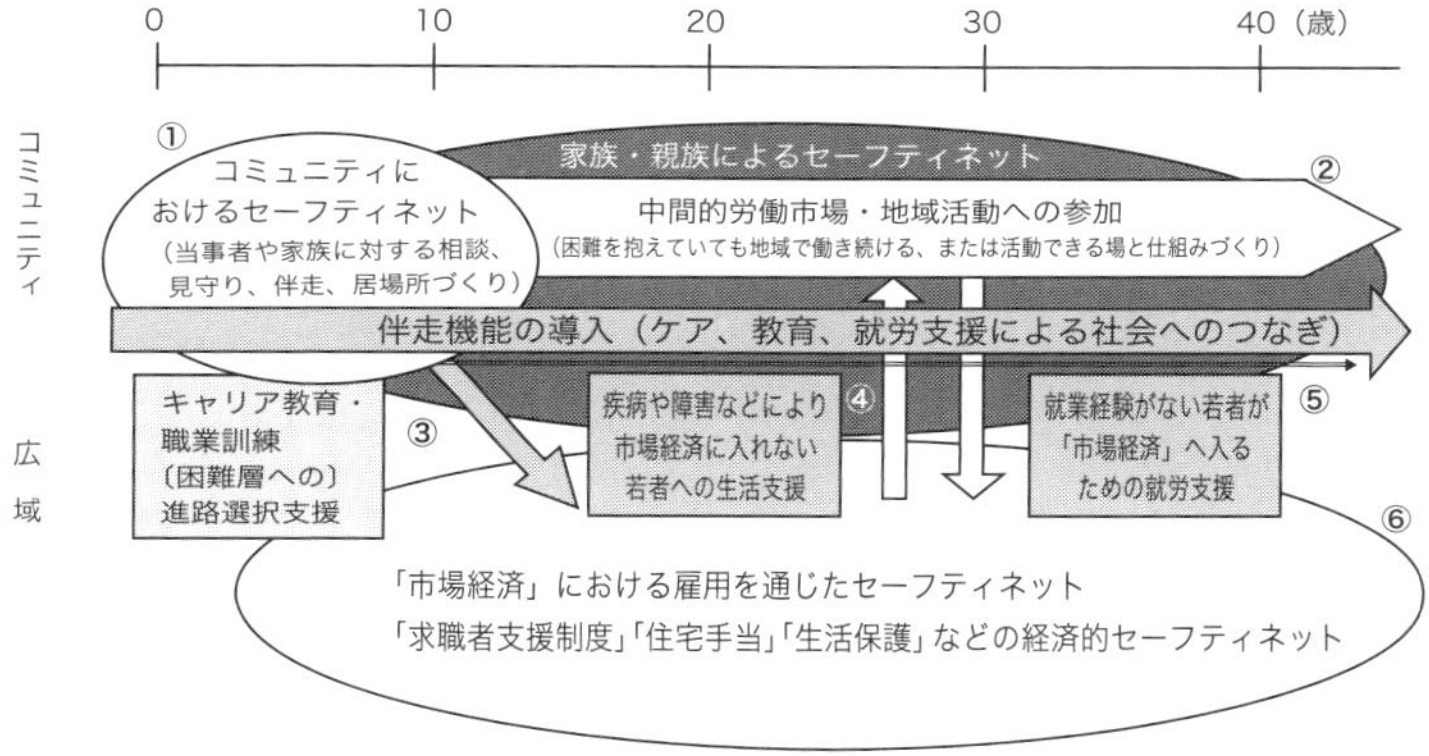

出所：横浜市都市経営局が作成した図に筆者が加筆修正したもの

子ども期から成人期への移行の時期までの一貫した環境整備と、セーフティネットを確立しようという構想はしだいに明確になっている。**図表６**は、人生前半期の社会保障の強化という理念をモデル化した横浜市の構想に筆者が加筆したものである。

ここでは、４つの施策群が想定されている。コミュニティにおけるセーフティネット（①）と中間的労働市場・地域活動への参加（②）は、小・中学校区かそれを超える地域における施策群である。キャリア教育・職業訓練（③）、疾病や障害などにより市場経済に入れない若者への生活支援（④）、就業経験がない若者が「市場経済」に入るための就労支援（⑤）は、より広域の施策群である。最後に、市場経済における雇用を通じたセーフティネットと求職者支援制度による経済給付や住宅手当や生活保護などの経済的セーフティネットなどの広域における施策群（⑥）がある。

この図のなかで若者期に関するセーフティネットの重

図表7　次のステップにつながる就労支援の仕組み（横浜市の場合）

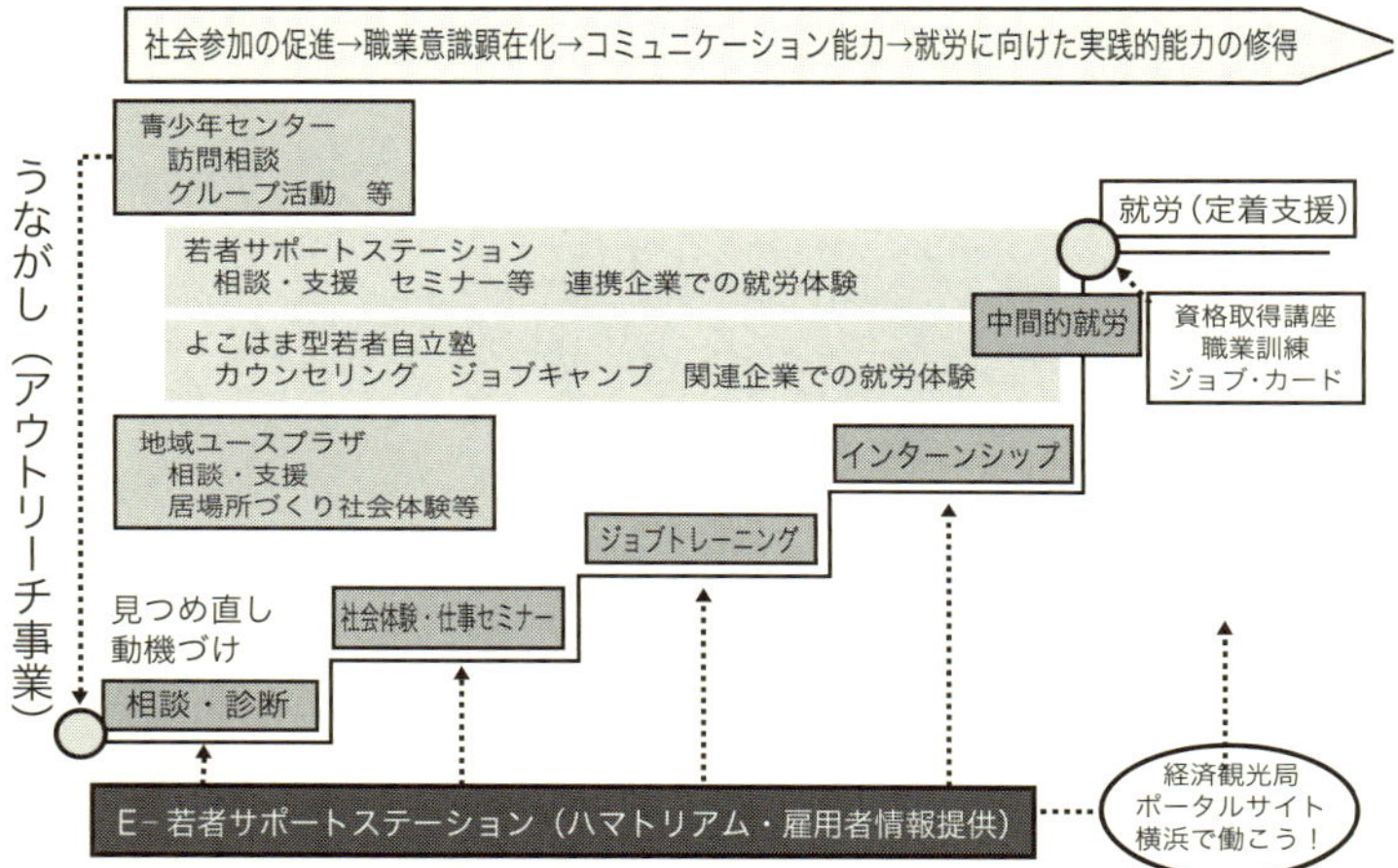

出所：調査季報 Vol.167. 横浜市都市経営局 2010 年 10 月

要な構成要素は、労働市場への参加に困難を抱える若者への支援である。先に述べた積極的労働市場政策においては、若者の就労を促す一連の施策が重要となっている。

図表7は、このようなモデルを踏まえて、若者の就労支援の構想を描いたものである。労働市場への参加は、スモールステップを上がっていくプロセスである。具体的にいえば、①相談・診断、②社会体験・仕事セミナー、③ジョブトレーニング、④インターンシップ、⑤中間的就労、⑥就労というステップで構成される。このステップを進むことができるような社会的資源を地域に配置し、諸機関が有機的に連携することで効果は発揮される。

成人期への移行を支援する社会政策は、この時期に特有のリスクとニーズに対応する新たなセーフティネットを構築するというミッションをもっている。ところが、若者の自立を担保する社会保障制度は極めて弱体である。日本の社会保障制度が、家族福祉にもとづく制度枠組みを前提とし、「若者」を社会保障における固有の対象（主体）として問題にしてこなかったことに起因している。雇用という方法で企業福祉のなかに入れ、その他に関しては親の責任が無制限に期待されてきたのである。

　不安定就労状態にある若者の増加や、疾病や障害その他の多様な困難性が原因となって親の家から独立することのできない若者が増加しているが、親という私的扶養や援助に頼らずに困難から脱出するための選択肢が少ない。その結果、親の財力の有無によって自立できるか否かが決定されてしまう。労働からの所得が十分に確保されない移行期の若者が、親の経済状態に左右されず人生のスタートラインに立てるためには、「若者手当」「職業訓練給付」などの制度が有効である。これらふたつを制度化している国は少なくない。リスクに直面する若者層が拡大している現状を見据えて、若者視点を重視した社会保障制度を構築する必要がある。

　最後に、成人期への移行を保障する総合政策を確立するために、課題となっていることを整理しておこう。

◎不登校、高校中退など、学校からドロップアウトする若者に対して、学力を補い、職業訓練の場を与え、仕事に就くための密度の濃い支援が必要である。復学の多様なルートも必要である。そのために学校と学校外の諸機関が連携して、自立の道を保障する必要がある。

◎不利な条件のもとで育った若者が労働市場でもっとも不利な立場に立たされている。したがって、貧困家庭や崩壊の危機にある家庭に育つ子どもに対する取り組みが必要である。学費支援、学習支援、家族の生活に対する諸支援（家族支援という）が必要である。とくに、受益者負担の原則のもとで、高校・大学教育費用の親負担を無制限に進めてきた方針を根本的に見直す必要がある。

◎困難を抱える若者の自立プロセスは、いく段階ものきめ細かいステップが用意されている必要がある。

◎働くことへの入口段階にあり、労働からの所得が十分ではない状況に対して、低賃金を補う所得補助（若者手当）、住宅保障、経済給付付き職業訓練など、新たな社会保障制度や社会システムを、労働による社会参加（労働の義務）とセットにする。

◎つまずいても立ち直りができるための職業教育・訓練が誰にでも保障されなければならない。その際、生活費の保障は不可欠の条件である。また、企業の新規一括採用の慣行を改め、立ち直ろうとする若者に門戸を開き、年齢にかかわらず雇用されるチャンスを与える。

◎急速に進んだ非正規雇用は、賃金・社会保障・雇用の継続性において、格差がきわめて大きく、生計を維持することが困難なほど劣悪な処遇に苦しむ雇用者を生み出した。そこに法的規制をかけ、正規雇用と非正規雇用の格差を縮小する必要がある。とくに、非正規雇用者に対する社会保障の権利を確立する。

◎グローバル化に対応する雇用の柔軟性に、社会保障等のセーフティネットを張り、離転職や失業を経験してもそれがダメージとならないような柔軟で保障のある社会システムを確立する。

◎長期化する成人期への移行状況を踏まえて、このステージにある若者が安定した生活基盤を築けるような社会システムを構築することが必要である。そのためには、教育・訓練、雇用保険制度の範囲に留まらない失業手当または求職者手当、住宅、福祉、情報提供・相談、家族形成と子どもの養育負担の軽減など、雇用不安定時代における「人生前半期の社会保障制度」を強化する必要がある［広井 ２００６］。

［注］

（1）長引く経済不況のなかで、特定の高校に中退が集中していることにも留意すべきである。このような高校では、経済問題だけでなく、複雑な家庭事情、病気や障害、学力問題など、様々な問題が集中し、近年その傾向が強まっているとも指摘されている。

（2）１９８０年代以後多くの先進工業国で、労働市場にうまく入っていけない若者が増加したが、とくに、義務教育修了のみの若者は不安定な単純労務職に就かざるを得ず、その状態から抜けることがますます困難になった。グローバル化の波のなかで、就労の安定性や所得水準の点で若者層のなかでの格差が拡大し、リスクを抱えている若者はより一層不利な状況に置かれている。

（3）対象者は中退後2年前後の者。調査期間は２０１０年7月下旬～9月30日。有効回収数は１１７６名（回収率は44・4％）。報告書は内閣府子ども若者・子育て施策総合推進室編『若者の意識に関する調査（高等学校中途退学者の意識に関する調査）報告書』。筆者は企画分析会議座長を務めた。

（4）子ども・若者をめぐる環境が悪化し、社会生活を円滑に営む上での困難を有する子ども・若者の問題が深刻な状況にあることを踏まえ、子ども・若者の健やかな育成、子ども・若者が社会生活を円滑に営むことができるようにするため、総合的な子ども・若者育成支援のための施策（以下「子ども・若者育成支援施策」という）を推進することを目的とする法律。２０１０年４月施行。

（５）海外の若者支援現場レポート http://www.campus.ouj.ac.jp/~miyamoto/index.html

（６）テキスタイル、木工、調理など、活動を主軸としたオールタナティヴな教育プログラムで全国に４００カ所ある。やはり10人で編成されている。たとえば、音楽のワークショップは、音楽が社会のなかでどのような役割を果たしているかを体験を通して学ぶ6カ月コースで、社会から疎外された若者を、音楽によって社会に参加することを促し、自信や自尊感情を回復し、次のステップに歩み出す勇気を与えようとしている。生産学校もワークショップも国から訓練手当が支給される。

［文　献］

青砥恭［２０１０］『ドキュメント高校中退――いま、貧困がうまれる場所』筑摩書房

大串隆吉［２００９］「若者に職業訓練と職業を――デンマークからドイツへ」『教育』２００９年10月号

子ども・若者育成支援推進法［２００９］http://www8.cao.go.jp/youth/suisin/pdf/s_law.pdf［２０１１年10月31日閲覧可能］

広井良典［２００６］『持続可能な福祉社会』筑摩書房

広井良典・宮本みち子・浜野四郎・鯉渕信也［２０１０］座談会「今、求められている新しい社会的セーフティネットとは」『調査季報』Vol.167、横浜市都市経営局

宮本太郎［２００６］「新しい社会的リスクと人生前半・中盤の社会保障」ＮＩＲＡ政策研究、２００６年2月

宮本みち子［２００２］『若者が〈社会的弱者〉に転落する』洋泉社

――――［２００６］「若者政策の展開――成人期への移行保障の枠組み」思想９８３号

――――［２００８］「『成人期への移行』政策と若年者支援」日本社会福祉学会編『福祉政策理論の検証と展望』中

央法規
――――〔２０１０〕「困難な条件をもつ若者に対する就労支援――包括的支援がなぜ必要なのか」『都市問題』
Vol.101

第6章　企業の人材活用の変化と非典型雇用

佐藤博樹

非正規雇用とキャリア形成

ここ10年ほどの間に、企業の人材活用のあり方の変化などを背景として、いわゆる非正規雇用者の絶対数が増えるだけでなく、雇用者に占める割合も高まっている。増加した非正規雇用の就業機会の質に関して、短時間勤務など柔軟な雇用機会などとしてプラス面の評価もあるが、他方、仕事に従事しても職業能力を高める機会が少なくそのためキャリア形成につながらない、賃金などの労働条件が低い、有期の労働契約が多く不安定な雇用機会であるなどマイナス面の評価が強調されることが多い。本章では、非正規雇用に関するこうしたマイナス面の評価が当てはまるかどうかを以下のふたつの点から検討を加える。

第1は、非正規雇用では従事している仕事を通じて能力を高める機会があるのかないのか、またその仕事が次の仕事のステップにつながるキャリア形成の機会となるのかならないのか、こうした点を就業者個人に対するアンケート調査を利用して検証する。つまり、非正規雇用におけるキャリア形成の可能性の有無を検討する。

第２は、非正規雇用における上記のマイナス面を解消するための施策として、非正規雇用から正規雇用への転換を促進する「正規雇用への転換」（いわゆる正社員転換）が政策面で提起されているが、こうした施策が非正規雇用における不安定雇用などマイナス面の解消策となる有効な施策かどうかを検討する。正規雇用転換が非正規雇用のマイナス面の解消の唯一の解消策とすれば、正社員の雇用機会を増やすことが可能なのか、あるいはどうすれば非正規雇用の正規雇用への転換を円滑に進めることができるのかを検討することが必要となる。

第２の点に関して本章では、非正規雇用の正規雇用化を推進するためには、現状の正規雇用のあり方を変えなければ難しいことを提示する。景気が回復しても正規雇用を増加させることが難しい経営環境に企業が直面しているだけでなく、正規雇用化を促進するためには、「新しい形態の正規雇用」という考え方が普及、定着しないと難しいと考えていることによる。

結論は、平均的にみれば、正規雇用と非正規雇用の間に能力開発機会に差があり、かつ正規雇用に比較して非正規雇用の方が能力開発機会が少ないものの、実は両者の間には重なっている部分が大きいのである。このことは、非正規雇用の仕事でも能力開発機会やキャリア形成の可能性がかなりあることを意味する。つまり、正規雇用への転換に加えて、能力開発機会やキャリア形成機会のある非正規雇用を増やす施策も重要なものとなる。また、こうした施策が、結果として非正規雇用の正規雇用への転換を円滑化することに貢献することになろう。他方で、正規雇用であることで自動的に能力開発機会やキャリア形成機会を担保するものでないことから、正規雇用における就業機会の質向上の取り組みも重要となる。

経営環境における「不確実性」増大と企業の人材活用

企業が、人材活用において非正規雇用の比重を拡大してきた要因を検討しよう。企業の人材活用を取り上げるのは、正規雇用を拡大することや非正規雇用の正規雇用への転換条件を考える際に有益な情報となることによる。

企業の人材活用を担う人事管理が果たすべき経営機能は、企業経営が必要とする労働サービスを合理的に充足することにある。人事管理がその経営機能を十分に果たすためには、企業経営が必要とする労働サービスを的確に把握し、それを踏まえて当該労働サービスを充足するために、労働サービスを提供できる職業能力（職務遂行能力）を保有した人材を採用、育成し、業務に配置することになる。つまり、人事管理としては、企業経営がいかなる事業を展開し、その事業を遂行するためにどのような業務が必要であり、それぞれの業務を円滑に遂行するためにはどのような職業能力が必要なのかを事前に確定しなくては、人材の採用、育成、配置ができないことになる［今野・佐藤 ２００９］。

他方、企業環境における不確実性の増大を背景として、人事管理として、企業経営が必要とする労働サービスの量や質を事前に正確に把握することが困難になってきている。ここでの不確実性とは、企業の内外環境である市場構造や技術構造などの変化を事前に的確に予測することの難しさを意味する。例えば、ある商品が売れているので、生産現場では人を増やしてほしいという要望が人事セクションに上がってくる。しかし半年後も同商品が売れ続けるかどうかわからないのである。そのため、生産現場の要望に対応するために必要とされる人材を採用しても、半年後に商品の販売が急減してしまう可能性がある。あるいは、自社の競争力を支える技術を担える技術者を採用し、自社内で人的資源投資を行い育成する。ところが数年後に、事業構造や技術構造が大幅に変わり、技術者が担当すべき業務自体がなくなってしまうことがある。企業環境における不確実性増大の結果、人事管理からみると、企業が必要とする労働サービスを事前に把握し、それを前提として人材を採用、育成する人材活用策、とりわけ企業が中長期の雇用関係を前提として人的資源投資を継続的に行う正規雇用の活用を難しくしている。こうした結果、企業の人事管理は、中長期の雇用関係を前提とした正規雇用を縮小し、不確実性の増大に対応するために、有期契約での人材活用、つまり非正規雇用を増加させてきているのである［Cappelli 2008］。

非正規雇用には、当初から短期間の活用を想定したものと、不確実性の増大に対応するために活用するもののふたつの類型がある［佐藤 ２０１１］。両者とも有期契約での人材活用であるが、後者は、結果として中期の人材活用となることも少なくない。大きな経済的ショックなどに企業が直面しない限り、有期契約であっても契約が更新される契約更新型の有期契約である。ただし、契約更新型の有期契約は、中長期の雇用関係を事前に前提としたものでなく、結果として契約更新されることで事後的に雇用関係が中長期になる点に留意が必要である。さらに、契約更新型の有期契約による人材が配置される業務は、そのすべてではないが、従来であれば中長期の雇用関係を想定した正規雇用による人材配置をする業務であることが少なくない。そのため契約更新型の有期契約による非正規雇用には、一定の人的資源投資が必要となり、企業としても大きな経済的ショックに直面しない限り、有期の雇用契約を更新することになる（有期契約社員の戦力化、基幹労働力化［佐藤編 ２００８］）。

以上のように企業環境における不確実性の増大が、企業の人材活用における非正規雇用の増加をもたらしていると考えられる。この点が正しいとすると、景気の動向だけでなく、経営環境における不確実性が解消しない限り、企業の人材活用において正規雇用の比重が増える可能性は少ないと言えよう。

増加する常用型の非正規雇用

総務省統計局「就業構造基本調査」によって、非正規雇用の推移とその構成について確認しよう。同調査は、就業形態に関してふたつの設問が設けられている。ひとつは雇用契約期間によるもので、もうひとつは勤務先における雇用形態に関する呼称によるものである。

前者は、雇用契約期間に応じて、常雇、臨時雇（1カ月以上1年未満の雇用契約で雇われている者）、日雇（日々または1カ月未満の雇用契約で雇われている者）の３分類が用いられている。上記の３分類からすると常雇は、雇用期間に定めのない雇用と1年以上の雇用契約で雇用される者の両者が含まれると想定できる。しかし、調査票をみると、臨時雇と日雇の説明しか記載されておらず、常雇に関しては説明がない。そのため、臨時雇と日雇に該当しないと判断した調査対象者が常雇を選択している可能性が高い。雇用期間に定めのない者（いわゆる正規雇用）だけでなく、雇用契約期間がわからない者や1年などの有期の雇用契約であっても雇用契約が更新されている者なども、常雇を選択している可能性が高い。

後者の勤務先における雇用形態に関する呼称は、正規の職員・従業員、パート、アルバイト、労働者派遣事業所の派遣社員、契約社員、嘱託、その他の7分類である。呼称による分類は、回答者の自己判断によるもので、雇用契約期間の有無や労働時間などの客観的な指標に関して回答を求めるものではない。そのため、客観的な指標では同じ雇用形態であっても、それぞれの職場で呼称が異なれば異なる呼称分類が選択されている可能性が高い。ただし、労働者派遣事業所の派遣社員に関しては、呼称にかかわらず派遣社員を選択するように調査票に説明がある。また、請負社員は、選択肢に請負社員の呼称がないため、上記の呼称のいずれかの選択肢を選んでいると考えられる。

上記によると、いわゆる正規雇用は、雇用契約期間の分類では常雇に、雇用形態に関する呼称の分類では正規の職員・従業員に該当する可能性が高く、非正規雇用は、雇用契約期間の分類では臨時雇や日雇に、雇用形態に関する呼称分類ではパート、アルバイト、契約社員、嘱託に該当する可能性が高い。しかし、雇用契約期間の分類と雇用形態に関する呼称の分類のクロス表をみると、そのように解釈できないことがわかる。具体的には、常雇と回答したものの中でパート・アルバイト・契約社員・嘱託を選

図表1　雇用構造の変化（その1）

	1987年	2007年
雇用契約の期間による分類		
常　雇	87.2	86.1
臨時雇	9.6	11.3
日　雇	3.3	2.6
雇用形態の呼称による分類		
正規の職員・従業員	80.3	64.4
パート・アルバイト・契約社員・嘱託	16.9	30.5
（うちパート）	10.9	16.6
派遣社員	0.2	3.0
その他	2.6	2.0

注：1987年調査には呼称の選択肢に契約社員はない。
出所：総務省統計局「就業構造基本調査」から作成

んだものがかなりの比重となる。１９８７年と２００７年の20年間における役員を除く雇用者に関して、雇用契約期間の分類と雇用形態に関する呼称の分類による推移は**図表1**のようになる。同図表から次の点が明らかになる。

第1に、１９８７年と２００７年を比較すると、常雇と正規の職員・従業員の推移が大きく異なる。正規雇用を雇用契約期間での常雇に該当すると考えると、この20年間に正規雇用の比重に大きな変化がないことになる。他方、正規雇用を呼称での正規の職員・従業員とすると、この20年間に正規雇用が大きく減少、他方で非正規雇用が大きく増加したことになる。

第2に、パート・アルバイト・契約社員・嘱託を非正規雇用とすると、その中ではパートの比重が大きい。

第3に、派遣社員の比率は、この20年間に増加しているものの、役員を除く雇用者に占める比重は小さく、２００７年では３・０％に過ぎない。正規雇用の減少のうち、派遣社員の増加による部分はきわめて小さいのである。

上記のうちの第1で指摘した常雇と正規の職員・従業員の両者の変化の乖離に関しては、ふたつの解釈ができよう。第1は、労働基準法の改正により、２００４年1月から労働契約期間の上限が1年から３年へ延長されたことで、1年を超える労働契約を結ぶ有期契約の者が増え、それらは常雇に含まれるため、有期契約が増加しても常雇が減少せず、他方でそうした有期契約の者は呼称では正規の職員・従業員以外を選択しているとの解釈である。第２の解釈は、有期契約であるが、労働契約が更新される更新型の有期契約が増加しており、有期契約であっても契約が更新されて継続雇用期間が1年を超える者は、雇用契約期間の分類では常雇を選択し、雇用形態の呼称の分類では正規の職員・従業員以外を選択しているとの解釈である。

両者のうちのいずれの解釈が適切なのであろうか。有期の労働契約に関する調査をみると、[1] 労働基準法の改正によって、1年を超える有期契約が増加したことを確認できていないことから、私は第２の解釈を採用したいと考えている。この点を確認するものとして**図表２**（次頁）をみてほしい。**図表２**は、「就業構造基本統計調査」を利用し雇用形態に関する呼称と雇用契約期間の分類をクロスしたものである（ただし派遣社員を除いている）。同図表によると、この20年間における正規の職員・従業員以外の増加は、常雇であるが正規の職員・従業員以外の者の増加によることがわかる。つまり、非正規雇用を、雇用形態の呼称における正規の職員・従業員以外の者つまりパート・アルバイト・契約社員・嘱託で代表させると、その増加の多くは、臨時雇や日雇でなく、調査に回答した者が常雇と回答するような契約更新型の有期契約である可能性が高い。

図表２　雇用構造の変化（その２）

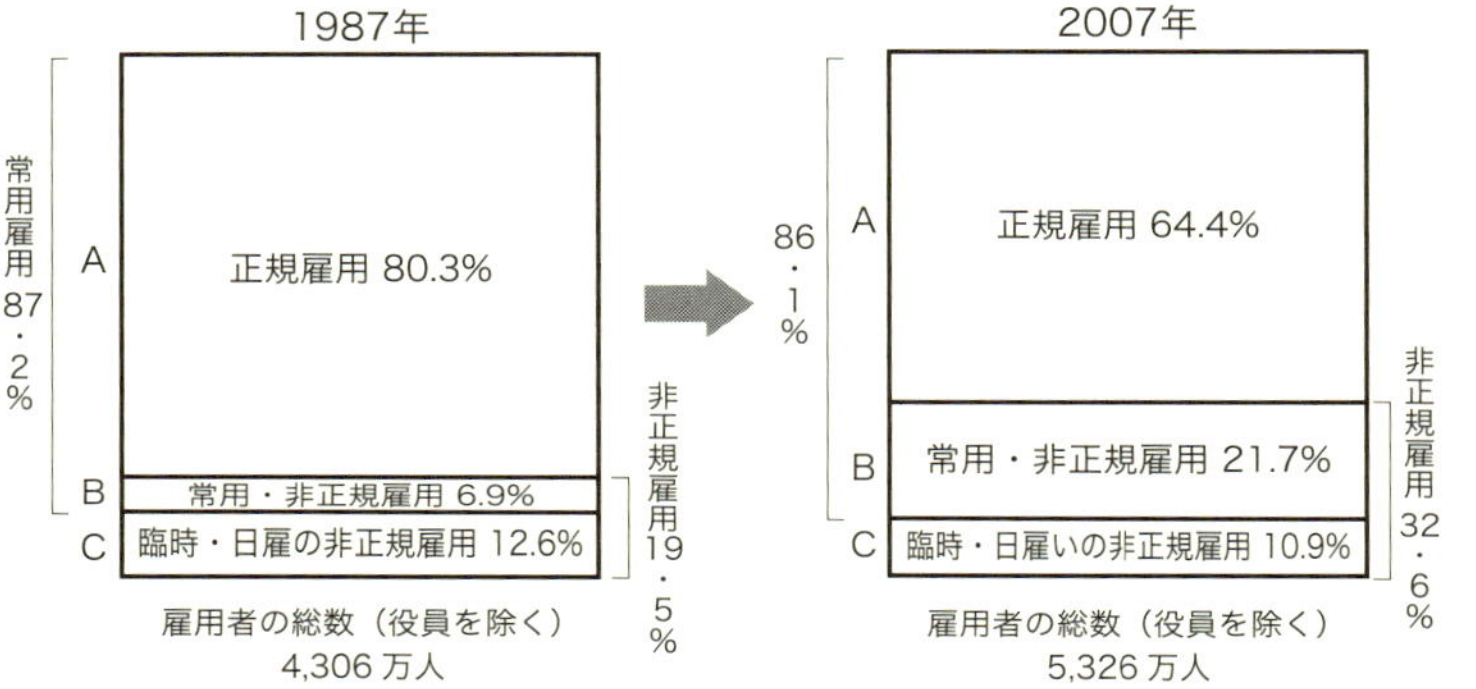

資料：総務省統計局「就業構造基本統計調査」
出所：雇用のあり方に関する研究会［2009］

以上によると、正規雇用が減り非正規雇用が増えているものの、臨時・日雇の非正規雇用が増えているわけではない。増えているのは有期雇用であって継続的に雇用されている常用・非正規雇用である。有期契約のため、契約上は雇用契約期間が定められているが、実際は契約更新され雇用が継続している者が多いのである。企業は有期契約であるが、業務が継続する限り基本的には契約更新することを前提に雇用しており、働いている人々自身も企業が雇用契約を更新するだろうと意識している。われわれが実施した事業所調査によると、そうした契約更新型が有期契約の7〜8割と高い比率で存在する。同調査によると、事業所が有期契約の社員に期待する勤続期間では3分の1以上が勤め続けられる限り働いてほしいとし、5年以上働いてほしいと考えている事業所も多い［佐藤ほか ２００８］。

では、なぜこうした契約更新型の有期契約が増えているであろうか。継続的に活用するのであれば、雇用契約期間に定めのない無期の正規雇用として活用できるのではないかという疑問が出されることになる。契約更新型の有期契約が増えている理由は、前述した経営環境における不確実性の増大が背景にあることによる。人件費削減や短期的な需要変動への対応のために正規雇用を減らし非正規雇用を増やしている部分は皆無ではないが、それだけでは契約更新型の有期雇用を増やしている企業の人材活用のあり方を説明できない。前述したように、企業環境における不確実性の増大の結果、人材活用において中長期の雇用関係を前提として人的資源投資を継続的に行う人材、つまり正規雇用の縮小を企業は選択せざるを得ないのである。他方で、企業の競争力を維持強化するためには、企業として人的資源投資を行い、企業特殊的熟練を持った人材を一定量は確保することも不可欠となる［Pfeffer 1998］。

経営環境の不確実性に対応するために正規雇用を絞り込んだ結果、大きな経済的なショックに直面しない限り、正規雇用の活用のみでは常に人材不足に直面することになる。その結果、非正規雇用の恒常的な活用が必要となり、有期契約でも雇用契約が更新されると同時に、従来であれば正規雇用を活用していた仕事にまで非正規雇用の活用が拡大することになる。企業としては、活用する期間の範囲内で能力開発を行う常用・非正規雇用を増やしてきたのである。もちろん、経済的ショックに直面した場合には、契約更新型の常用・非正規雇用は、正規雇用よりも先に雇用調整の対象となるが、臨時・日雇の非正規雇用と比較すれば、定常状態においては雇用機会は安定しているのである。

常用非正規雇用を正規雇用化できないか？

常用・非正規雇用が増え、継続的に活用される契約更新型の有期規約の非正規雇用であれば、「正規雇用に転換できるはずだ」という意見が出るのは当然の帰結といえよう。有期契約の雇用契約が更新されて3年や5年などと継続的に雇用しているのであれば、無期の雇用契約の正規雇用に転換できるという主張である。しかし、契約更新型の有期契約は勤続年数が長くなっても、正規雇用とは人材活用のあり方に違いがあり、このことが正規雇用への転換を難しくしている。この点をつぎに説明しよう。

正規雇用は、雇用契約が有期でなく無期というだけではなく、企業による人材活用の仕組みが非正規雇用と異なることが一般的である。正規雇用は、通常、配置する業務や職場を限定して雇用するわけではない（無限定雇用）。配置する業務や職場を限定せず、また労働時間にしても所定労働時間があるものの仕事の進捗によっては残業が期待されている。つまり、特定の業務や職場への雇用ではなく、キャリアへの雇用として企業が活用しており、この点が正規雇用の働き方の特徴であった。非正規雇用から正規雇用への転換は、単に雇用契約期間が有期から無期に変更されるだけでなく、正規雇用のこうした人材活用への転換が生じることになる。正規雇用のこうした人材活用が想定する働き方を受容できない場合は、正規雇用への転換ができないことになる。

そうした正規雇用に関する企業の人材活用を前提として、正社員については、事業構造再編や技術構造の変化により配置業務がなくなった場合においても、雇用契約を解除して解雇するのでなく、他の業務や職場に再配置するなどして雇用機会を確保することが企業に求められることになる。それは、特定の業務や特定の職場に限定して雇用し活用しているわけではないことが背景にある。そのため、配置されている業務や職場がなくなっても、他の仕事や職場に配置転換することが可能であり、またそうすべきという社会的な要請が生じるわけである。

一方、有期契約の非正規雇用は、一般的に特定の業務や特定の職場への雇用や活用である（限定雇用）。契約更新型の有期契約の場合は、配置される業務や職場が存続する限りは継続的に雇用されることになる。しかし、正規雇用と非正規雇用では、前述のような人材活用の違いがあるため、非正規雇用の人材活用のあり方をそのまま維持して正規雇用に転換し、かつ従来の正規雇用と同様の雇用保障責任を非正規雇用に対して企業に要請することは難しいものとなる。

こうした意味で、契約更新型の有期契約で継続雇用している者を正規雇用に転換する施策を推進しても、企業としては、両者の人材活用の仕組みの違いから、正規雇用への転換を拡大することは難しいものとなる。また、企業だけでなく、契約更新型の有期契約で継続雇用している者の多くも、現状の人材活用を前提とした働き方のまま雇用継続の可能性が高い正規雇用への転換を望んでおり、このことも従来型の人材活用を前提とした正規雇用への転換を難しくしている。

「新しい正社員」導入の意義

従来型の正規雇用と非正規雇用の間の壁を解消するためのひとつの施策が、キャリア限定型あるいはジョブ型の「新しい形態の正規雇用」の提案である［雇用のあり方に関する研究会 ２００９］。配置する業務や職場を限定した無期雇用であり、事業再編や技術構造の変革などにより配置する業務や職場がなくなった場合には、一定の手続きを経たのちに雇用契約を解除できるというものである。言い換えれば、配置する業務や職場を限定した「特約のついた雇用契約期間に定めのない雇用契約」である。雇用契約期間に定めのない無期の雇用契約であるが、従来型の正規雇用との違いは、合理的な経営上の理由により配置する業務や職場がなくなった場合には、雇用契約を解除できる点にある。こうした新しい類型の正規雇用が導入できれば、契約更新型の有期契約の非正規雇用を新しい類型の正規雇用に転換できる可能性が広がることも考えられる。また契約更新型の有期契約から一挙に従来型の正規雇用へ転換するのでなく、新しい類型の正規雇用を経て従来型の正規雇用へと転換するキャリアを構築することもできる。

整理解雇の必要に企業経営が直面した際に、他の業務や職場に異動させるなどいわゆる整理解雇の4要件のうちの解雇回避努力義務は、新しい類型の正規雇用については適用が除外されることになる。ただし、整理解雇の必要性、合理的な選考基準、労使間の十分なコミュニケーションなど他の3つの要件が適用されることはいうまでもない。こうした新しい類型の正規雇用が導入できれば、契約更新型の非正規雇用の7～8割は正規雇用に転換できると考える。

非正規雇用から新しい類型の正規雇用に転換ができれば、雇用契約が更新されるかどうかという非正規雇用に従事している者が抱く不安が解消されることになる。また、更新回数が一定回数を超えると無期の雇用契約とみなされるリスクが高くなると考える企業、とりわけ製造業の大企業では、契約更新を2回までや継続雇用する期間を3年までなどと決めている場合が多い。しかし、新しい類型の正規雇用が導入できれば、そうした契約の更新回数や雇用継続期間に上限を設ける企業が少なくなり、業務や職場が存続する限りは、無期の雇用関係を継続させ、その範囲内で企業が人的資源投資を行うことになろう。この結果、契約更新や継続雇用期間の上限設定による人的資源投資の無駄が減少するだけでなく、新しい類型の正規雇用から従来型の正規雇用への転換の可能性も広がると考えられる。

非正規雇用における能力開発の可能性

つぎに、「正規雇用には能力開発の機会があるが、非正規雇用には能力開発機会がない」といういわゆる二元的な議論を検討しよう。

正規雇用と非正規雇用の能力開発機会を統計的に比較すると、正規雇用に比較して非正規雇用は、能力開発機会が少ないという有為の結果が得られることが多い。しかし、個々人の能力開発機会の分布を両者で比較すると、すべての非正規雇用の能力開発機会が、正規雇用のそれを下回るわけではなく、両

図表3　従事している仕事に必要なスキル・レベル

	1カ月未満	1カ月～半年未満	半年～1年未満	1年～2年未満	2年～3年未満	3年～5年未満	5年～10年未満	10年以上	わからない	無回答	合計
正社員	5.7	25.8	24.9	14.5	11.1	7.5	2.9	1.6	5.9	0.2	100.0 (n=442)
非正社員	25.0	38.7	14.6	10.8	2.4	1.4	0.5	0.0	5.7	0.9	100.0 (n=212)
フル	20.4	35.2	16.7	14.8	3.7	1.9	0.9	0.0	5.6	0.9	100.0 (n=108)
パート	31.6	44.2	10.5	5.3	1.1	1.1	0.0	0.0	6.3	0.0	100.0 (n=95)
合　計	11.9	30.0	21.6	13.3	8.3	5.5	2.1	1.1	5.8	0.5	100.0 (N=654)

注：・農林漁業以外の民間の企業・事業所で働く、20歳から34歳の雇用者を集計対象としている。ただし、非正社員には派遣労働者および学生アルバイトは含まない。
・質問は「もし、今のあなたの仕事を新人におぼえさせるとすると、ひととおり仕事をこなせるようになるために、どのくらいの期間がかかると思いますか」。
・週の労働時間が35時間以上をフルタイム、35時間未満をパートタイムとしている。
・非正社員の集計および合計には、フルタイムかパートタイムか不明な非正社員の回答も含む。
出所：佐藤ほか［2006］参照

者で重なっている部分が少なくない。つまり、正規雇用でも能力開発機会が少ない人もいれば、非正規雇用でも能力開発機会が充実している人がいるのである。両者の能力開発機会に重複している部分があることが重要である。上記を、従事している仕事に必要なスキルレベルに関する個人アンケート調査データで検証しよう［佐藤ほか2006］。

29歳以下の正規雇用と非正規雇用をフルタイム勤務とパートタイム勤務に分けて、「あなたが今ついている仕事に新人をつけた場合、どのくらいの期間で仕事ができるようになるか」と尋ねた設問をみると、両者の分布が重なっていることがわかる（**図表3**）。つまり、今の仕事に必要なスキルのレベルを取り上げてみると、正規雇用と

図表４　能力開発が進む仕事環境の有無

	能力開発がすすむ仕事環境にある層	能力開発がすすむ仕事環境にはない層	合　計
正社員	46.6	53.4	100.0 (n=438)
非正社員	33.3	66.7	100.0 (n=210)
フルタイム	36.8	63.2	100.0 (n=106)
パートタイム	31.6	68.4	100.0 (n=95)
合　計	42.3	57.7	100.0 (N=648)

注：①「あなたは、今の仕事を続けるうえで、新しい能力や知識を身につける必要がありますか」という問に対して「つねに必要である」ないし「しばしば必要である」と答え、かつ、②「仕事に役立つ能力や知識を身につける機会」について「やや不満」ないし「不満」でない場合に、「能力開発がすすむ仕事環境にある層」に分類し、①②の条件をみたさない場合は、「能力開発がすすむ仕事環境にはない層」に分類した。ただし、２つの問のいずれか１つ以上に無回答の票は除いて集計している。
出所：図表３に同じ

非正規雇用でかなり重複がある。言い換えれば、正規雇用でも能力開発機会が少ない企業に就職するよりも、非正規雇用で能力開発の機会のある企業を選ぶ方がいいともいえる（**図表４**も参照）。非正規雇用でも能力開発機会があるとすれば、相対的に質の高い非正規雇用の雇用機会を増やす仕組みを整備し、そこから「新しい類型の正規雇用」に転換し、さらに従来型の正規雇用への転換を支援することも有益な施策となろう。

　企業が中途採用を行うときに、非正規雇用として働いていた応募者に関して、非正規雇用は能力開発機会がないので、スキルを蓄積していないだろうと考えがちである。こうした認識が企業側にあると、非正規雇用から正規雇用への転換を希望しても、採用の入り口ではじかれてしまう可能性が高い。非正規雇用に従事していても能力開発機会がある業務があることを企業に理解してもらうことが重要となる。

おわりに

非正規雇用に従事していても能力開発の機会がある場合が少なくないことを正しく理解することが重要となる。さらに、正規雇用への転換では、従来の正規雇用のあり方をそのままにしての転換はハードルが高く、そうした施策の拡大は難しい。契約更新型の有期雇用の実態を正確に理解したうえで、契約更新型の有期雇用よりも雇用機会が安定し、能力開発機会が増える「新しい類型の正規雇用」を導入することが政策的に有益となろう。契約更新型の有期契約から「新しい類型の正規雇用に転換」し、さらに従来型の正規雇用への転換につなげるなど有効な施策となる[2]。同時に、本章では議論できなかったが、従来の正規雇用の働き方も変革する必要がある。無限定雇用としての従来の正規雇用に関してもワーク・ライフ・バランスが実現できる働き方に変えていきながら、「新しい類型の正規雇用」とのつながりをつくっていくことが、企業の人材活用としても不可欠となる［佐藤・武石 ２０１０］。

［注］

（１）佐藤博樹ほか［２００８］の事業所調査を参照。

（２）雇用政策研究会［２０１０］も新しい形態の正社員の導入を提案している。

〔文　献〕

雇用政策研究会［２０１０］『雇用政策研究会報告――持続可能な活力ある社会を実現する経済・雇用システム』厚生労働省
雇用のあり方に関する研究会［２００９］『正規・非正規２元論を超えて――雇用問題の残された課題』リクルートワークス研究所。
今野浩一郎・佐藤博樹［２００９］『人事管理入門（第二版）』日本経済新聞出版社
佐藤博樹［２０１１］「企業の人材活用と労働政策上の課題」『新しい雇用社会のビジョンを描く――競争力と安定：企業と働く人の共生を目指して』21世紀政策研究所
佐藤博樹編［２００８］『パート・契約・派遣・請負の人材活用（第２版）』日本経済新聞出版社
佐藤博樹・武石恵美子［２０１０］『職場のワーク・ライフ・バランス』日経文庫、日本経済新聞出版社
佐藤博樹ほか［２００６］『働き方の多様化と能力開発、ワークライフバランス：セーフティネットに着目して』労働政策研究・研修機構。
――――［２００８］『非正規雇用者の雇用管理と能力開発に関する調査研究報告書――安定した働き方とキャリア・アップをめざして』（連合総合生活開発研究所・国際労働財団）の事業所調査など参照。
Cappelli, P [2008] *Tarent on Demand: Managing Tarent in an Age of Uncertainty*, Harvard Business Press.〔若山由美訳『ジャスト・イン・タイムの人材戦略』日本経済新聞出版社、２０１０〕
Pfeffer, J. [1998] *The Human Equation: Building Profits by Putting People First*, Harvard Business Press.〔守島基博監修、佐藤洋一訳『人材を活かす企業――「人材」と「利益」の方程式』翔泳社、２０１０〕

第7章 新たな社会保障に向けて

若者の生活を守るためには

■大津和夫

この章では、①「若者の階層化」、②「階層化を放置できない理由」、③「求められる打開策」の３つに分けて話を進め、若者の基本的な生活を守っていくための方策を探ってみたい。

若者の階層化

まず、「若者の階層化」を考えてみたい。

人材のグローバル化などに伴って、大学院卒で、留学経験もあり、ＭＢＡも取得。スポーツ万能で、教養もあり、コミュニケーションも抜群、という「スーパー高学歴層」も目立つようになった。大手企業の人事担当者に共通するのは、「今のトップ層は、昔のそれと比べてはるかに有能」という言葉だ。これらの層は、世界で通用する層、アジアなど世界各国との競争でしのぎをけずるうえで重要な人材供給源、と言える。

だが、私が気になっているのは、こうした「スーパー高学歴層」ではない。それ以外の層だ。そのひとつが、かつての大学生には見られなかった層。誤解を恐れずに言えば、「なんちゃって高学歴層」とも名づけることもできる。象徴するケースとしては、こんなケースが挙げられる。大学生の就活（就職活動）戦線では、企業の人事担当者が、男子学生の〝異変〟に頭を悩ませている、という。

「男子学生がしくしく泣き始めた」。こう話すのは、都内のＩＴ関連企業の人事担当者。「就活を振り返ってどうでしたか」と質問したところ、感極まったのか、突然、涙を流し始めたのだという。都内の就職カウンセラーも、「全然珍しくない。涙を浮かべる男子学生が増えている」と話す。外回りのある営業職を敬遠する傾向も見られる。首都圏の自動車部品メーカーの人事担当者は「学生はみな一様に面接で『人と接するのが苦手。営業より事務で』と話す。事務職だって社内の人間関係が大変なのに」と話す。この担当者は、「ノルマのある営業職を嫌がる学生は昔からいた。ただ、昔は、事務の仕事は、営業より給料が安い、と持ちかければ、心変わりしてくれた。今は『一生それでいい』です」と肩を落とす。

ある会社のグループ面接では、「意見はありますか」との司会者の質問に、「いや、特にありません」と答える学生も少なくない、という。「面接はどんな人かを知る場。一体、何をしに来たのか」とこの会社の担当者は話す。このほか、「就職セミナーの会場で、親同伴で来ることも珍しくない」との指摘や内定辞退を親にさせる学生など、取材を通して様々な実例を聞いた。

「もはやかつての高学歴層ではない」。

現場から聞こえてくるのは、こんな嘆きだ。なぜ、こうした層が増えたのか。

「今は無理してバリバリ働いても、出世や賃金アップが期待できない。弱い男性を容認する風潮も手伝って、気弱な若者の合理的な行動の表れではないか」と見る識者もいる。実際、日本生産性本部などが新入社員を対象に毎年実施している調査では、「定年まで働きたい」と考える男性新入社員は２０００年の20・２%から10年には34・４%に増加している。「ガツガツと出世を狙わず、ひとつの会社で穏やかに過ごしたい」という意識が垣間見られた。「少子化で草食化が進んでいる」「豊かになり、ガツガツ働く必要がなくなった」などの意見もあるだろう。

ただ、関係者に一致するのは、かつて高学歴の象徴と言えた大卒が少数派でなくなった、という背景を抜きにして語れない、という見方だ。

実際、文部科学省［２００９］によると、大学、短大への進学率は、昭和50年代から平成２年までの期間を除くと、増加傾向にある。現在は、大学、短大合わせて58・２%に達しており、２人に１人以上が「高学歴」になっている計算だ。平成2年に3割程度だったことを考えると、約20年で大幅に高学歴化が進んだことがわかる。進学率は今後も増加する見通しだ。

しかも、子どもの数は減っている状況。子どもと若者（0歳から29歳まで）の人口は約３７５０万人で、

図表１　従業員規模別求人倍率の推移

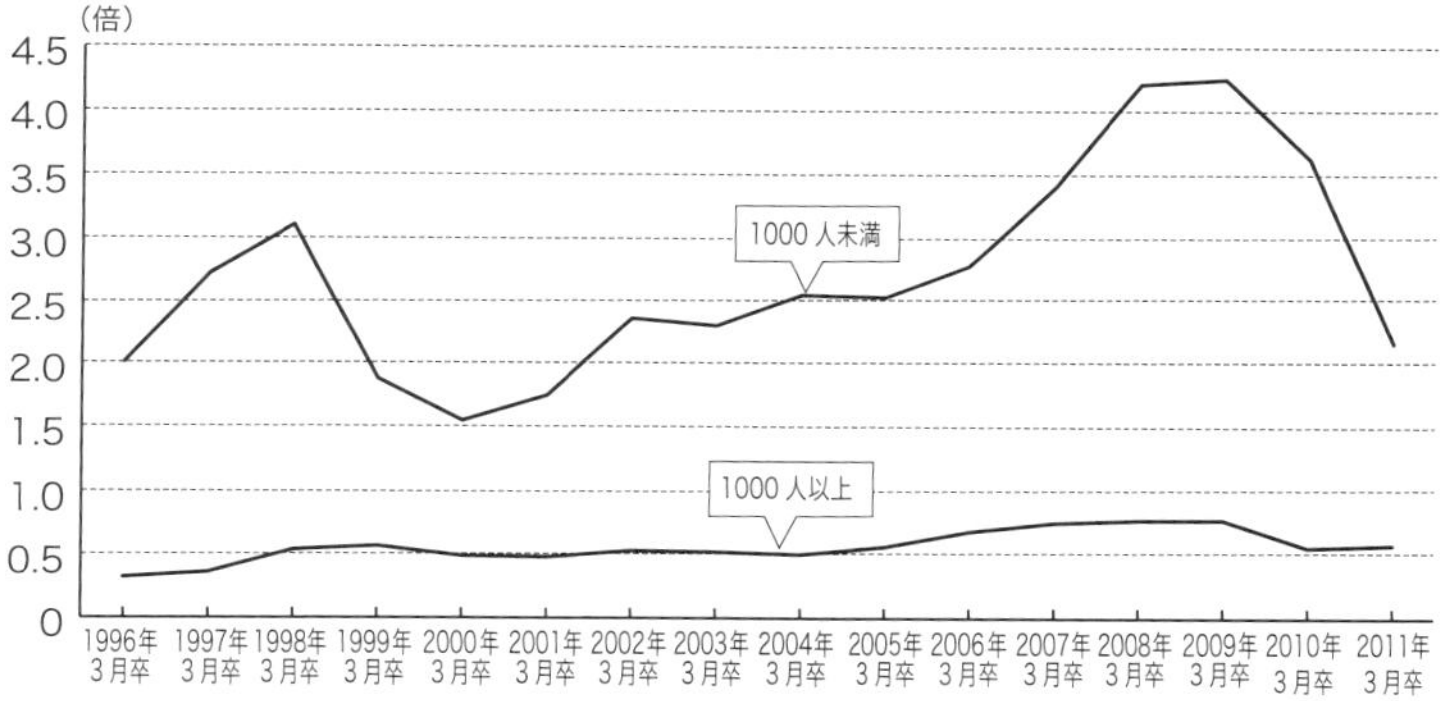

出所：リクルートワークス研究所［2010］

総人口の29・4％を占めている。これらの割合は昭和50年以降、ほぼ一貫して減少している。

問題なのは、２人に１人の大卒者という状況のなか、高学歴に見合った大手の就職先が必ずしも増えているわけではない、という点だ。リクルートワークス研究所の調査［２０１０］によると、従業員１０００人以上の求人倍率はほぼ横ばいの状況にある（**図表１**）。あるＩＴ関連企業の幹部は、「日本の大学生は、量は増えたが質は必ずしもあがっていない。かつての『高学歴』とは言えない。アジアの人材発掘を目指す」と強調するが、こうした見方は決して例外ではない。

大企業から漏れても、中小企業があるだろう。ただ、ネットで簡単にエントリーができる時代。ある中堅大学の幹部は「みなが大企業に入れるという幻想を抱ける状況」にあるという。しかし、状況は厳しい。別の中堅大学によると、大企業に応募→なかなか内定が取れない→意欲減退→中小に転じるタイミングを逸する――という悪循環に陥りがちだという。この担当者は言う。「初めから中小の優良を狙えば就職

図表２　雇用形態別大学・大学院卒の割合（就業形態別）

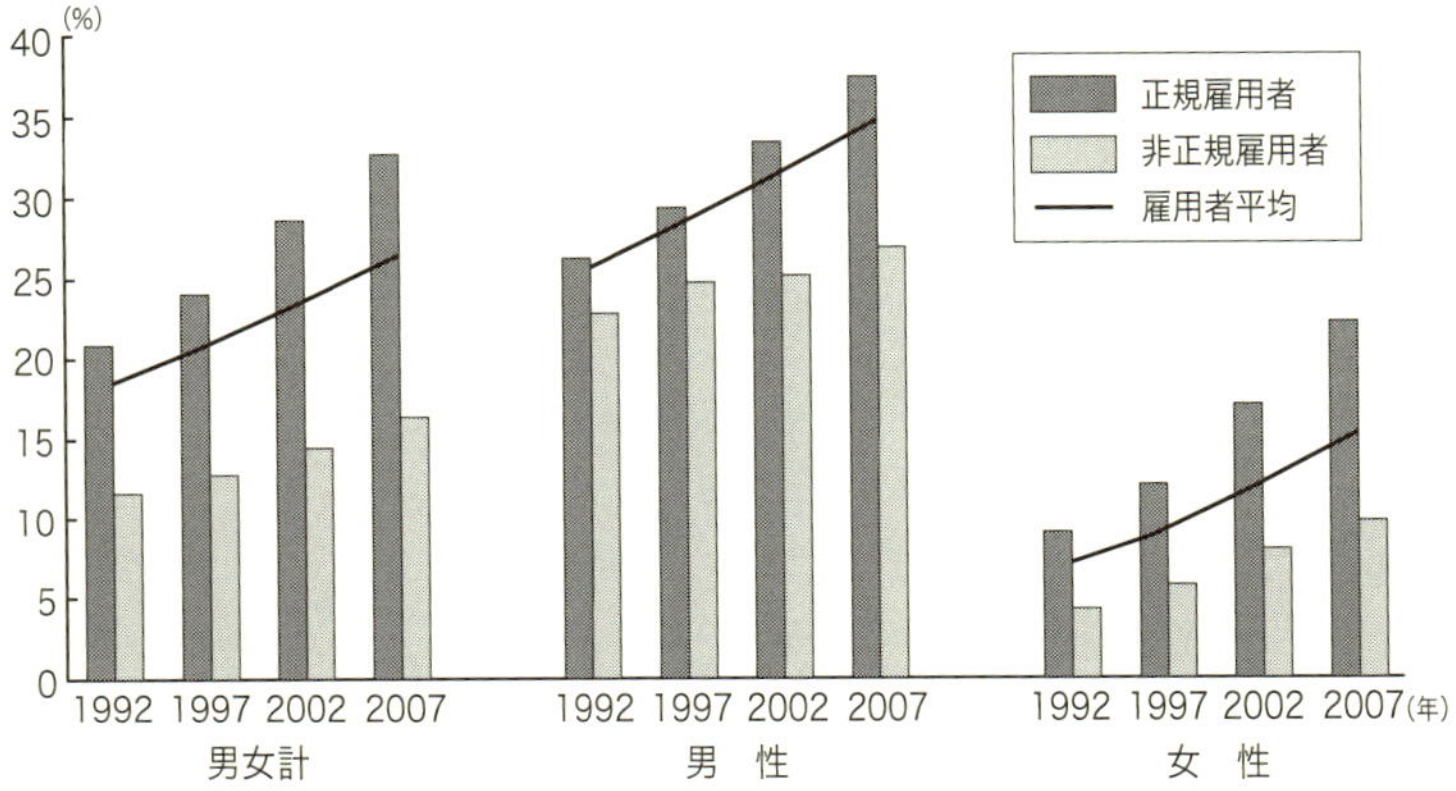

注：大学・大学院卒の者を卒業者（学歴不祥を含む）で除した割合とした。
　　非正規雇用者は、「雇用者」から「正規の職員・従業員」を差し引いたものとした。
出所：総務省統計局「就業構造基本調査」

先はある。しかし、本人も、親も、『大卒なんだから……』という意識が根強い」と明かす。

さらに、事情を複雑にしているのは、「優良な中小企業がどこにあるのかわからない」という情報の問題だ。この結果、資力を背景にＣＭなど広告を打っている特定企業に志願者が集中。いわゆる「ＢｔｏＢ」と言われる企業向けの企業への足が遠きがちだ、と言う。

問題なのは、こうした事情によって、正社員の市場から漏れた若者たちの一部が、非正社員になっているという点だ。そうした動向を示す資料が、厚生労働省［２００９］だ。同資料によると、正規雇用者と非正規雇用者別に大学卒業者の割合（**図表２**）を見ると、いずれも、その割合は上昇しており、非正規雇用者でも高学歴化が進行していることがわかる。

また、同白書によると、非正規雇用者に占める大学卒業者の割合を年齢階級別に見ると、男女とも15～24歳層で上昇している。大学卒業者の就職率は２００１年３月卒より改善してきたが、大学進学率が上昇するなかで、若年層においても引き続き、非正規雇用に占める高学歴者の割合は上昇している、という。

非正社員の一部は、定職を持たないフリーターになっている可能性がある。厚生労働省の調査では、２００３年に２１７万人を記録したが、その後、政府が矢継ぎ早に対策を講じたこともあって減少傾向にある。ただ、08年は１７０万人と依然、多くの若者が定職につけずにいる状態。特に、35歳を過ぎると、求人が減るとされ、定職に就くのがより困難になる、という状況も出ている。

非正社員で働くことについては、「働く側も希望している」といった反論が経済界等に根強い。確かに、長時間労働で、転勤もあり、責任も重い、正社員の働き方を敬遠し、あえて非正社員を選ぶ人もいるだろう。非正社員であることを全否定するという単純な図式で語ることは難しいのは事実だ。

問題なのは、不本意に非正社員になっている若者が目立つ点だ。正社員として安定的な働き方をしたいが、「求人が少ない」「若くない」「職歴があまりない」など様々な事情で、非正社員として「働かざるを得ない」人が多い、ということだ。労働政策研究・研修機構の研究報告書［２００７］によると、15歳から34歳が非正社員を選んだ理由について、「正社員として働ける会社がなかったから」という〈不本意型〉が、１９９４年（19・４％）→２００３年（30％）と10ポイント以上増えている。これとは対照的に、「勤務時間や労働日数が少ないから」「簡単な仕事で責任が少ないから」「通勤時間が少ないから」「体力的に正社員として働けないから」のいずれかを理由とした〈自己都合型〉が、１９９４年

（66・2％）→２００３年（51・1％）と減っている。同報告書は、「１９９０年代の就職氷河期の影響をまともに受けた若年層のなかで、不本意型とも呼ぶべき層が増えていることは深刻だ」としている。

では、非正社員の待遇はどのようなものなのだろうか。同報告書の結果をもとに、労働時間を考慮したうえで、２００３年の実質的な時間給を推計したところ、男性の場合、正社員で１８１１円だが、臨時的雇用者は９８０円、パート労働者は１０５４円、派遣労働者（登録型）は１２２８円。女性の場合、正社員は１２５８円だが、臨時的雇用者は８８８円、パート労働者は８８１円、派遣労働者（登録型）は１１６８円と、男女ともに、正社員と非正社員の格差が如実だった。

無論、仕事も異なれば、賃金も異なるのは当然だ。問題なのは、同じような仕事をしていても、賃金に相当な格差が見られる、ということだ。労働政策研究・研修機構が２００６年8月に発表した調査［２００６］によると、正社員とほとんど同じ仕事をする非正社員がいるかどうか聞いたところ、全体の60・3％が「いる」と回答した。業種別では、「医療・福祉」（80・9％）、「運輸業」（71・9％）、「金融・保険」（65・3％）、「製造業」（60・5％）の順で多かった。

しかし、「正社員と同様の仕事をする非正社員がいる」と回答した事業所に、正社員との賃金格差を聞いたところ、正社員の8割未満と回答した事業所は48・6％に上った。一方、非正社員を対象とした正社員への転換制度の有無について、「ある」と回答した事業所は40・7％にとどまった。

職業訓練の機会という点でも、正社員と非正社員の格差はある。正社員は、仕事を通じて、ノウハウやスキルを習得するほか、座学など職場を離れて、職業能力を開発する機会も多い。これに対して、非正社員は、そうした機会は乏しいうえ、職務経験が賃金に反映されることも少ない。こうした結果、非正社員の若者の職業的自立を難しくさせているものと見られる。

若者が働く場は何も企業だけではないだろう。しかし、産業のサービス化などに伴って、かつて、地域の若者の雇用の受け皿となっていた自営業は衰退している傾向がうかがえる。『中小企業白書２００５年版』によると、１９５５年以降で見ると、農林水産業従業者は一貫して減少、家族従業者の割合は中長期的に低下している。自営業主の割合は、「１９８０年代末まで安定的に推移した後、今日まで低下を続けている」としている。

このような事情から、「なんちゃって高学歴層」の一部は、不安定な働き方を強いられがちな非正社員として働くことになっているのが実情だ。

より深刻な「置き去り層」

もっと深刻な層が「置き去り層」だ。「学校、企業、仲間、国の制度（生活保護、社会保険など）、家族も含め、『社会とのつながり』が希薄な層」（Social Exclusion）だ。例えば、大学や高校の中退者、無業、高卒、フリーター、失業者、ワーキングプアなどの若者の一部だ。

文部科学省の調査によると、高校の中退者は、約６万６０００人に上る。大学の中退者は、ＮＰＯ法人「ＮＥＷＶＥＲＹ」（東京）の調査では、大学生の８人に１人に上る。不登校児童は、文部科学省の調査によると、小中学校で約12万６０００人、高校で約５万３０００人に上る。

「置き去り層」を象徴するケースがある。20代前半のAさんの例だ。Aさんは、一時路上生活者だった。様々な〈つながり〉から置き去りにされた、象徴的な例だと実感させられた。Aさんは高校2年の時、突然、父親から、自分が里親であることを告げられた。Aさんの母親は、誕生後失踪。父親はAさんが産まれる前から行方不明だった。高校まで特に不自由もなく育ててくれた、「親」からの突然の「縁切り宣言」だった。「父親」はすでに児童養護施設への入所手続きを終えていた。1週間後、「何が何だかわからないまま」、施設に入所させられた。施設への入所前後から高校にも行かなくなった。そして間もなく高校を中退した。

だが、中退後、今度は、児童養護施設から退所を命じられた。児童養護施設は原則18歳未満までが入所対象だからだ。「そういう決まりだから」。滞在の延長を求めるAさんに、施設の職員は、つれなくこう告げた。

退所後、アルバイトで貯めたお金を使って安い家賃のアパートで一人暮らしをはじめた。生活費はアルバイトで稼いだ。だが、今度は、「仲間」に裏切られた。遊び仲間の男性から、執拗にお金をせびられるようになった。夜中に雨戸を開けて家に入ろうとすることもあった。アルバイト先にも来るようになった。仕事も行けなくなった。家で待ち伏せされるのが怖くて、家に帰れなくなった。テレビも、服も置いたまま、家を出た。店長は相談に乗ってくれなかった。仕事も辞めた。「恐喝を受けている」。警察に相談したが、相手にしてくれなかった。

「家族」「里親」「福祉」「仲間」「仕事」「警察」……。Aさんは、こうした〈つながり〉から排除された。「行くところがない」。所持金もほぼゼロ。路上生活者になった。寝る場所は、公園、コンビニエンスストア、公民館の駐車場……。ネットカフェは、リクライニングシートで仮眠を取ることができ、シャワーの付いた施設もある。何より、１５００円程度で一晩明かせる。ただ、そのネットカフェさえ、「高くて入れなかった」。

水とトイレは公園の施設を使った。食べるのは、日に1食。コンビニエンスストアの倉庫には「廃棄用」の食べ物がある。コンビニでアルバイトをした経験があるから知っていた。時折、その食べ物を「拝借」した。万引きを繰り返したこともあった。「このまま犯罪者になっていくのかなあ」。そんな思いが頭をもたげたことも珍しくなかった。

ハローワークに足を運んだ。ただ、身寄りも、家もない自分に紹介される仕事は、建設関係の住み込みの仕事だけ。住まいは6畳1間の３人の共同部屋。自分以外は、60代と40代の男性が同居人だった。10代の若い自分は「若造」。仕事中はもちろん、仕事が終わっても、雑用をこなすよう命じられた。「パンツを洗え」。こんな雑用までこなした。嫌になった。２カ月単位の仕事を、３日で辞めたこともあった。「もう死ぬしかないのかな」。そんな考えも浮かんだ。

Aさんは最近、知人の紹介で生活保護を受給し始めた。ただ、この数年で受けた傷は重く、精神疾患を抱えた。彼は目を伏せながら、言葉を振り絞るようにこう話す。「先が見えない」。

Aさんのようなケースは決して例外ではない。

30代のBさんは10年近く、住所不定のフリーター生活を続けている。泊まり先は、ネットカフェや公園などだ。Bさんは高校卒業後、大学に入学した。だが、「大学に行く意義が見いだせず」、間もなく大学を中退。親から「出て行け」と言われ、家を出た。以来約10年以上経過した。ネットカフェは、会社員や若者がくつろげる場として都市部を中心に広がっている。リクライニングシートがひとつ備え付けられた「個室スペース」があり、そのスペースの机の上にはパソコンもあり、テレビも見られる。マンガもあることから、「マンガ喫茶」と言われることもある。カップラーメンやパンなどを自販機で購入できる。なかには、シャワーの付いたところやマッサージ器、ダーツゲームを楽しめる場所もある。

カフェで一晩を明かす時、Bさんは、個室の机の下に、下着などの入ったバッグを置き、シートを後ろに下げて眠る。机の上には携帯電話。携帯には随時、派遣会社から翌日の仕事の連絡がメールで入る。文字通り生活の「命綱」だ。引っ越し、工事現場、イベント設営など、紹介される仕事の多くは、「日雇い」だ。お金がない時は、「路上」で過ごす。例えば、昼は、「健康ランド」の昼割引で風呂に入り、図書館で寝る。食事はデパート地下の試食でしのぐ。「寝床」については、夏場は公園などだ。厄介なのは、冬場だ。公園で寝ると凍死する可能性もあるからだ。だから、冬場は、あてもなくひたすら歩き続ける。そして、1時間ごとにコンビニエンスストアで暖をとる。親しい友人もいない。なぜなら、職場を転々とするためだ。家族とも音信不通の状態だ。ネットカフェで使うインターネットは、「外」の世界とつながるための貴重なチャンネルとなっている。「死んでもだれもわからないでしょうね」。そうつぶやく。

住む場所がなく、ネットカフェなどに寝泊まりする若者について、厚生労働省は２００７年8月、実態調査を発表している〔厚生労働省 ２００７〕。この調査は07年6月から7月にかけて実施。全国のネットカフェやマンガ喫茶計約３０００店を対象とした聞き取り調査と、東京23区と大阪市で利用者計３６２人に対して行った面接調査の結果を踏まえ、人数などを推計したものだ。

調査結果によると、ネットカフェの利用者は、全国で一晩約6万９００人。その大半は、仕事や遊びで遅くなった「一時利用者」だったが、帰る家がないため日常的に泊まる「ネットカフェ難民」が、推計約５４００人いることがわかった。その内訳を就業形態別に見ると、アルバイトや1日単位の仕事をする「日雇い派遣」など、非正規労働者が約２７００人と半分を占める。失業者（約１３００人）も含めると、大半が不安定な就労状態にある。年齢別では、20歳代が27％、30歳代が19％と半数近くが若年層。50歳代も23％で、中高年でも広がっている。平均手取り月収は、東京で10万７０００円、大阪で8万３０００円。ネットカフェ以外では、路上、ファストフード店、サウナでも寝泊まりしている。

「置き去り層」も、不安定な就労になりがちだ。労働政策研究・研修機構が調査した「大都市の若者の就業行動と移行課程」（２００６年）によると、高等教育を中退して正社員になった人はわずか14・7％、アルバイトかパートが59・8％と最多だ。高校中退の場合も同様で、正社員になった人は12・8％、アルバイト・パートが50・6％と最も多い。

階層化を放置できない理由

　これまで見てきたことを踏まえると、今の若者を大きく分けて以下の3つの層（図表3）に分けることができるのではないだろうか。このうち、私が放置できないと考える層は、「なんちゃって高学歴層」と「置き去り層」だ。その理由は、主に3つある。

①　身分格差が固定し、社会的コストの増大が懸念される

　厚生労働省によると、２００７年の「相対的貧困率」は15・7％で、7人に1人以上が貧困状態になる。また、今まで見てきたように、フリーターら低所得者層も多く、こうした層を支援するための福祉コストの上昇に拍車がかかってしまう恐れがある。あえて負のシナリオを考える。生活保護は大体、1年間に１７０万円程度かかると言われており、これをもとに試算すると、今の失業者、若年失業者、フリーター、ニートが、仮に全て生活保護の受給者に回るとすると、福祉コストは年間6兆円に上ることになる。「放置しておいてもいいじゃないか。それは自分たちが悪いんだ」という自己責任論を肯定する意見もあるが、自己責任の是非論はともかく、若者の問題を放っておくと、好むと好まざるとにかかわらず、福祉や治安など、社会的コストとして跳ね返ってくる恐れがあることを、まず国も含めて共通見解にしていかなくてはならない。

図表３　筆者が考えた若者の階層

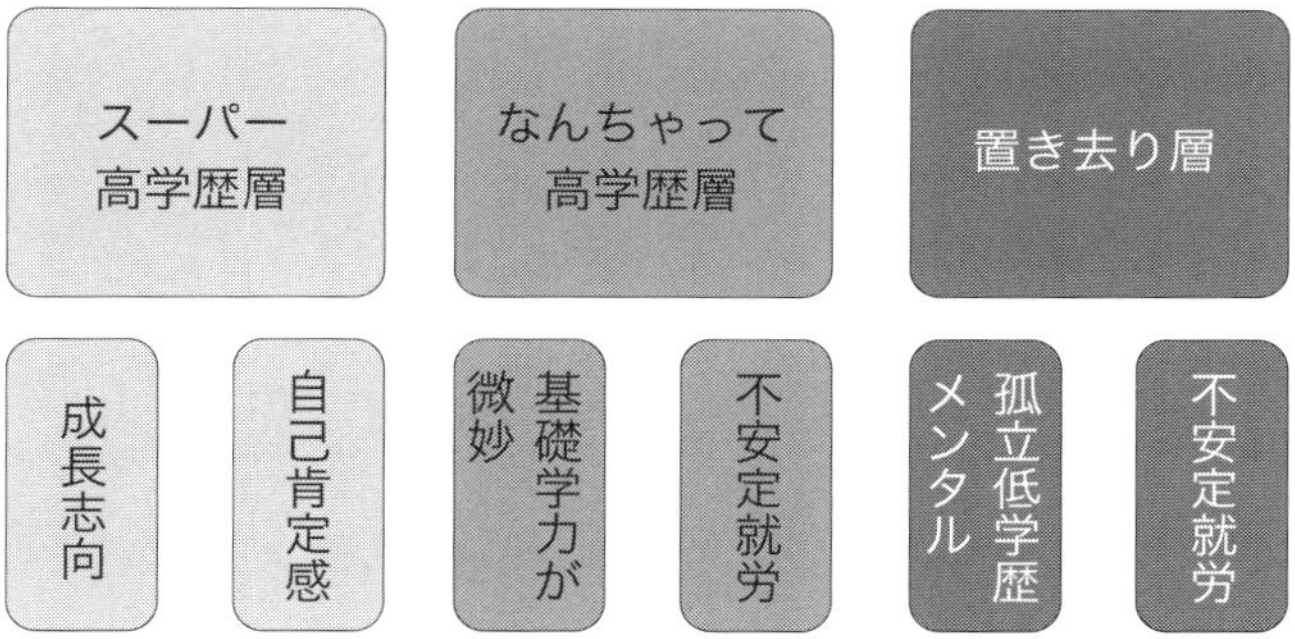

非正社員で働く若者の意識を浮き彫りにした興味深い資料がある［ベネッセ教育研究センター２００６］。この調査は、25歳から35歳の男女２５００人を対象としたインターネット調査。調査結果からは、不安定な仕事に就いている若者ほど、悩み事を相談できる友人が少ないうえ、親との関係もうまくいっておらず、将来に展望を描けない傾向にあることが浮き彫りになった。友人関係について見てみると、「悩み事を相談できる友達がいる」と回答した割合は、正社員は60・2％だったのに対して、「無職」の若者は、47・4％に過ぎなかった。また、「いろいろなタイプの友達がいる」と答えた割合は、正社員が69・8％に対して、「無職」が57・6％にとどまった。親子関係についても同様で、「親との関係に満足している」と回答した割合は、正社員で73・5％。これに対して、「無職」が65・3％だった。

② 社会保障、経済の支え手（中間層）の減少に拍車がかかってしまう

少子高齢化でそれでなくても、社会保険、税を「支える側」が減っているなか、本来、これらの仕組みを「支える側」の若者が、放置されることによって、「支えられる側」になってしまう。

総務省の調査によると、有配偶者の占める割合は、非正社員の場合は正社員より低くなっている。また、すでに、消費に力を持つ中間層が減少していることもうかがえる。

③　もはや「企業」と「家」という私的安全網に頼るのは限界

国際競争力の激化に伴い、企業は、人を安定、長期的に育てる余裕を失いつつある。正社員採用は選別化志向が強まり、「使い捨て」にできそうな不安定な雇用を広げていく。

ただ、それでも、今までは「親」という〈つながり〉があった。この「私的なセーフティネット」に救われた部分があった。仕事が不安定で、給料も安くて、仲間もいなくても、家族が、最後の砦として若者を支えた。家族が貧困を覆い隠してきた。そう言い換えてもよいかもしれない。だが、親が定年となるなどすれば、セーフティネットとしての機能が十分に果たせなくなってしまう。

求められる打開策

求められる打開策を探ってみたい。若年問題は、つまるところ、どれだけ公金を使って支援していく必要性を社会に訴えていけるかどうか、という問題だとも言える。若者支援は「若者は情けない」「自己責任」という意見も根強く、不要不急とされやすいためだ。

こうした状況を打破していくためには、支援の投資効果を「目に見える化」していくことが欠かせない。その点で厚生労働省の研究会の推計結果は参考になる。それによると、18歳の男性が2年間、就労支援後、

図表４　労働市場プログラムの政策費用がGDPに占める割合

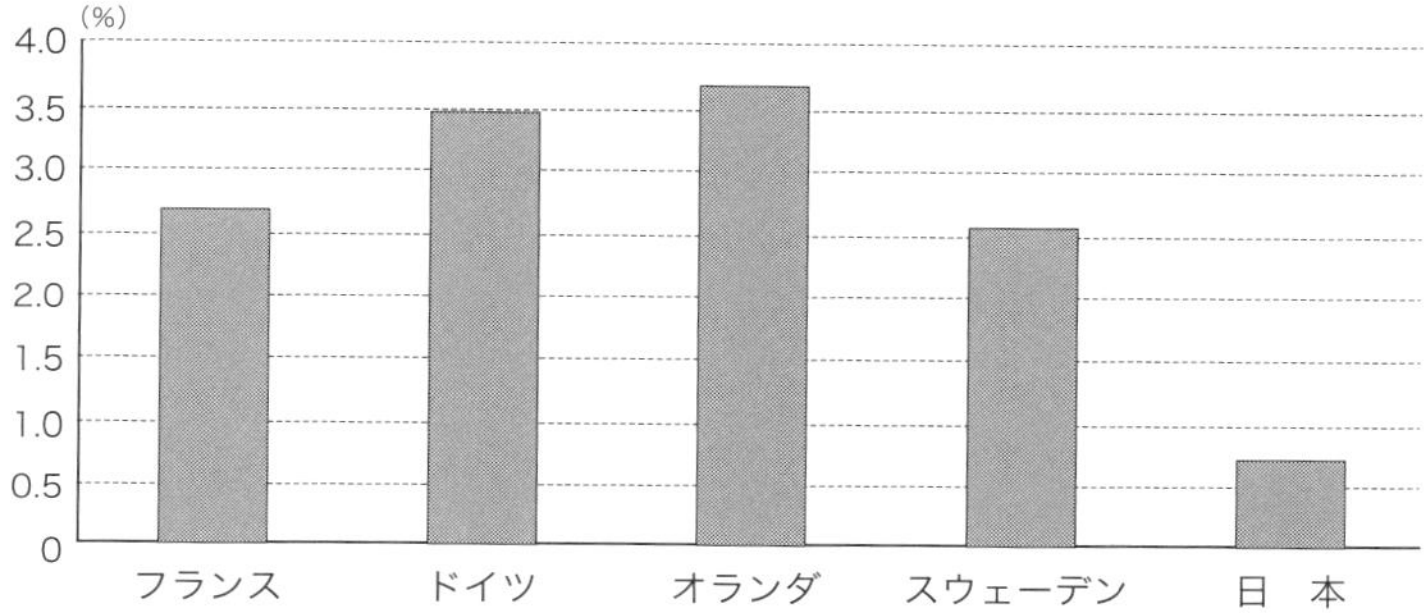

出所：OECD［2006］

65歳まで正社員として働くと、生涯で納める税金と社会保険料は最大で計５１１５万円。65歳まで生活保護を受け続けた場合は最大６３４７万円となり、就労支援をすることで最大1億円の「投資効果」があることがわかっている。

また、先ほど述べたように、負のシナリオを描くことも、財源確保のための突破口になるだろう。前述のように、私の粗い試算では、フリーター、ニートが全て生活保護の受給者に回るとすると、福祉コストは年間６兆円に上る。

そもそも、欧州と比べて、こうした分野への投資は少なすぎる。ＯＥＣＤ［2006］によると、職業紹介、職業訓練、失業給付など「労働市場プログラム」への公的支出を見ると、ＧＤＰに占める同プログラムの支出割合は、日本は０・73％で、ドイツ（３・46％）、フランス（２・69％）などと比べてやはり低い（**図表４**）。

また、教育に対する投資もきわめて低い。

文部科学省によると、国立大学法人運営費交付金は平成16～22年度までに８３０億円減少している。私立大学への助成金も減少傾向にある。さらに、日本の高等教育への公的財政支出は、対Ｇ

図表５　「若者支援は３段階で」　筆者の考える若者支援のイメージ

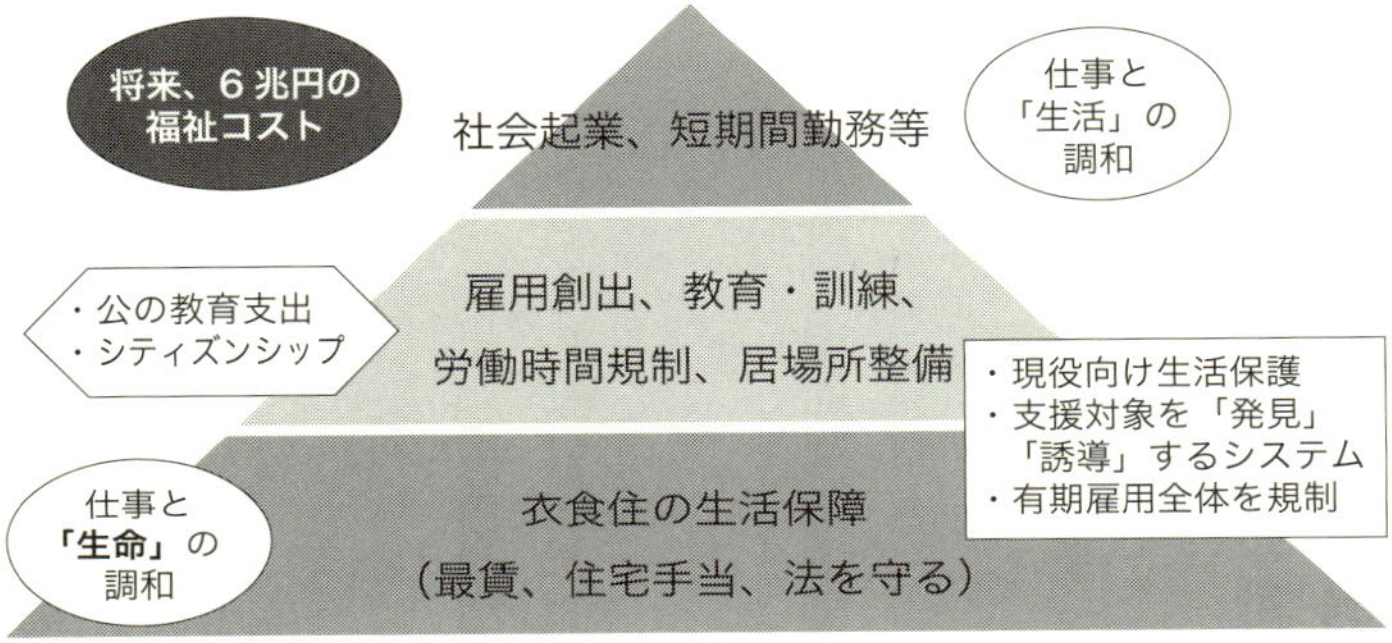

DP比で、OECD加盟国の中で最下位という状況だ。

では、具体的な支援策をどう考えていけばよいのだろう。

人を育てる政策となると、必ず挙げられるのはキャリア教育だ。だが、衣食住も確保されていない若者や、「読み書きそろばん」といった基礎学力も十分でない若者に、キャリア教育を押しつけているとすれば問題だ。そもそも、キャリア教育を十分にしても、彼らを待っている世界は、３人に１人以上が不安定な非正社員という現実だ。

イメージとしては、**図表5**のように、３段階で支援を考えていく必要があるのではないだろうか。

１階部分の「衣食住」を保障するためには、最低賃金の引き上げなどで労働者の手取りを増やす、住宅手当の恒久化、さらに、非正社員の総量規制、などが欠かせないだろう。

近年、「ワーク・ライフ・バランス」（仕事と生活の調和）という言葉がよく使われるが、若者のなかには、仕事と「生活」の調和はおろか、仕事と「生命」の調和が抜き差しならない状況にある者も少なくない。こうした状況で、「適職探しを」などと言われても、問題は簡単には解決できない。

ただ、最低賃金の引き上げをいくら国が提唱しても、現実の壁は厚い。現行制度では、引き上げを決めるのは、各地の公労使の三者構成でつくる審議会で、国には決定権がないためだ。国は中央レベルでの引き上げの目安を示し、「このように引き上げてください」とメッセージを送る旗振り役にすぎない。しかも、最低賃金を１円引き上げるために、徹夜で議論されているという現状があることを踏まえれば、「最低賃金を引き上げましょう」と国がかけ声をかけるだけでは、「絵に描いた餅」になりかねない。

また、最低賃金を引き上げることによるマイナス効果も考慮する必要がある。『世界の労働市場改革ＯＥＣＤ新雇用戦略』では、「法定最低賃金を高く設定しすぎると、生産性の低い労働者の雇用を阻害させるだけでなく、国民生産量を減少させる」などと指摘している。マイナス効果に関する実証研究の結果はまちまちで、一概には言えないようだが、いずれにしても、「引き上げればいい」という単純な話ではなさそうだ。

とはいえ、企業頼みには限界がある。では、どうすればよいのか。いくつか方法を考えてみたい。

ひとつは、低賃金労働者の賃金に政府が補助金を上乗せする方法だ。つまり、引き上げ分の一部を「国」が負担することで、最賃の引き上げを実現していくという方法だ。

２点目は、低賃金労働者を雇う使用者に対する社会保険負担を軽減することだ。こうした制度は、ベルギー、フランス、オランダでも取り入れられており、「低熟練労働者への顕著なプラス効果が報告されている」（『世界の労働市場改革ＯＥＣＤ新雇用戦略』）という。

3つ目は、「給付付き税額控除」制度の導入だ。課税対象にならない低所得者には一定額を給付し、収入が増えて課税対象になっても、一定の枠内なら税額控除と給付金を組み合わせて負担を軽減する、という制度だ。英国のブレア内閣が格差是正を目的に導入し、就労意欲を向上させて失業者の減少につなげるなど成果を上げたほか、米国やフランスも採用している。ただ、実行にあたっては、世帯単位の所得を正確に把握することが必要。そうでないと、低所得を装う者が出かねないからだ。

4つ目は、住宅費、教育費への国の支出を増やすことで、生活費の自己負担分を減らしていくことだ。これなら、最低賃金を必要以上に引き上げる必要はない。国はすでに、暫定措置として住宅手当を導入しており、恒久化に向けて下準備があるという点で最も現実的な対応だと思う。

「発見」→「誘導」→「支援」

若者を支援するにあたっては、困難な若者を「発見」→「誘導」→「支援」するという手順で進めていくことが欠かせないだろう。

「発見」が重要なのは、本当に支援を行うべき対象がどこにいるのか関係機関が十分に把握できていない、という現状があるためだ。そもそも、日本の支援は、ジョブカフェなど施設の拠点づくりが中心だ。つまり、「待ち」の姿勢だ。こうした支援には限界がある。なぜなら、経済的、精神的、肉体的、あるいは、情報を入手できるという点で、その施設を利用できるのは、「その施設に来ることができる人」に限定されるためだ。もっと言うと、日本の場合は「来た人だけ」を支援対象としているところに限界がある。

では、どうするか。「発見」するのに有効だと考えられるシステムが、社会保障番号の導入だ。この番号を導入することで、本当の低所得者、支援が必要な対象者がどこにいるのかを発見することが可能になる。導入にあたっては、①基礎年金番号を活用する、②住民票コードを活用する、③新たに番号をつける、などの選択肢があるだろう。会社員など所得のほとんどが捕捉されている給与所得者と比べ、自己申告の自営業者は捕捉度が低いと言われる。いわゆる「クロヨン問題」だが、この番号を導入することで、支援対象者の絞り込みが可能になるだけでなく、こうした「課税逃れ」を難しくすることにつながることも期待される。また、給付つき税額控除を支援策として使う場合、対象となる人の収入状況を定期的に把握できる。

もちろん、当然、本人による情報確認や必要に応じた訂正、利用範囲の規制、セキュリティ対策など、導入にあたっては、万全の注意が必要だろう。個人情報保護法が２００５年に施行されていることなどを踏まえ、個人情報を第三者に提供する場合は、①本人の同意を得ることが条件、②署名など同意したことを確実に認識できる方法をとる、③情報の提供先、利用目的、利用内容を事前に明らかにする、などを最低限、踏まえる必要があるだろう。そうでないと、支援対象者を絞り込むという政策の有効性、つまり、税金の使途の有益性を損なうことになりかねない。

「発見」システムを構築する際、関係機関による情報の共有も欠かせない。関係機関とは、教育委員会、学校、児童相談所、福祉事務所、警察、都道府県、病院などだ。現在は、縦割り組織による弊害が目立ち、同じ個人を、別々の機関が、別々の目的で情報を集めている。名寄せが必要ではないか。このことは、行政コストの効率化にもつながることが期待できる。

「誘導」と「支援」を考えるうえで参考になるのが、イギリスの若者支援制度「コネクションズ」だ。同事業は、13歳になった時点ですべての生徒を対象にパーソナル・アドバイザーが面接を実施。15歳になった時点ですべての生徒を把握し、その後、大学などに入学した時点の学生の情報と突き合わせて、だれが入学していないかを確認したうえで、手紙を書く、電話をする、さらに自宅訪問をする。一人のパーソナルアドバイザーが、複合的な問題を抱えている若者80人を担当している。パーソナル・アドバイザーは、担当する若者の「親子」「就労」「学業成績」「病気」「交友関係」「生活サイクル」を面談などで把握。個別に計画を策定して、面接指導を繰り返していく。個々人が抱える問題は、まさに十人十色。医療で言えばどんな病気でも一通り診ることができる、「かかりつけ医」のような存在が必要。そうした点で、「パーソナル・サポート」の拡充が求められる。

支援対象者を「発見」、「誘導」し、生活、職業訓練を届けたとしても、まともな仕事に就かなければ、まともな生活は、ままならない。支援を受けて、働き始めても、またすぐに支援機関に戻るケースも目立つ。「回転ドア現象」だ。

そこで、①日雇い派遣など、雇用形態にかかわらず、日雇いは原則禁止。ただし、合理的な理由がある場合、企業が書面で労働者の同意をとれば、認める。②「社会的起業」を後押しするため、住民が納める住民税の数パーセントを応援したい団体に助成する制度などで、財政・運営基盤を強化する。③若年者を対象とした法定雇用制度を導入。社会的リスクの高い人を雇った企業には社会保険料負担を免除する〜といった方策を考えてはどうだろうか。③については、ベルギーが、25歳以下の若者について、従業員数50人以上の企業は従業員全体の3％以上、公共部門では1・5％以上雇うことを義務づけている。

武器を持たせる

「労働教育」も欠かせない。なぜなら、制度や仕組みをいくら整えても、そのことを、「知らない」あるいは、「知らされていない」状態であれば、問題の解決に踏み出すことができないからだ。「知らない」ことは、置かれている状況の危機を察知することすら鈍感になる。

知らないまま育った親の一部は、自分の子どもたちに危険信号を発することもできず、安易に劣悪な職場に送り込むかもしれない。「働く問題」に絞れば、学校では、「自分の夢」「なりたい仕事」について考える場はあっても、「働く権利」「義務」を教わる機会に乏しい。かろうじて公民の教科書で触れる程度だ。

知識や情報を持つことによって、自分が働いている企業、友人が働いている企業、あるいは、政治や官庁の動きに敏感になるかもしれない。そして、なかには、声を上げること、アクションを起こすことで、自分を取り巻く環境が改善され、企業の行動、引いては制度自体を見直す動きにつながるかもしれない。

私は、「知らない」若者に多く出会ってきた。例えば、「生活保護」を申請できることすら知らない男性。あるいは、すべての仕事には最低賃金があることを知らない女性。けがをした場合、労災保険があることを知らない男性。労働基準法で労働時間が定められていることを知らない男性。ハローワークという言葉は知っていても、中高年限定だと思いこんでいた人、各地に労働相談のコーナーがあることを知らない人もいた。ＮＰＯでもいくつも支援団体があることを知らなかった人もいた。何人も頭に思い浮かぶ。彼らは共通して言う。「そんなこと、どこで学べばいいのでしょうか」。

実際、「労働教育」を導入し、生徒に、正社員と非正社員の間の賃金格差といった現状や労働時間や賃金に関する知識を学ばせる学校もある。一方、ＮＰＯ法人「育て上げネット」（東京）は、社会保険料、家賃、水道代など、生活していくために必要なコストをゲーム形式で学んでもらう金銭教育プログラムを各校で導入、成果を上げており、参考になる。

「読み書きそろばん」を学ぶ機会を増やしていくことも欠かせない。「大学生なのに……」「高校生なのに……」との批判もあるが、「学力は中学生程度の学生も多い」（ある大学関係者）というのが現実にある以上、必要なら、高校はもちろん、大学でも、基礎学力を教えることに躊躇すべきではない。

すでに、一部の大学で、高校までの英語、数学などを、家庭教師感覚で指導する「基礎教育支援センター」を設置したり、「生活数学」などという科目で、公文式の算数プリントを教えたりするケースもある。これにより、退学者が半減した大学もある。高校を中退しても、再び教育を受けられる機会は、官民挙げて取り組むべきだろう。

「焼き畑農業式」の人材育成

最後に企業への取り組みを考えてみたい。

人材投資に気が進まない企業関係者は、「企業はボランティアではない」「国際競争で大変だ」などと話すケースが多い。しかし、「同じ仕事をより安く」という志向だけで、持続可能性のある経営ができるかどうか、となると疑問だ。「より安く」を求めて、国内で派遣など、「経営者が雇いやすい」よう規制を緩和し、日本で思うようにできなくなれば、中国へ。中国でも労働紛争が起きるようになれば、また別のアジアの国へ、というまるで「焼き畑農業」のような戦略は、おのずと限界があると思われる。

消費者へのイメージも決してよいわけではないだろう。

国、教育の「人育て」と並んで、企業も「人育て」にかかわっていくべきだ。そうでないと、そのうち、企業が求める人材は、一握りの国内の「スーパー高学歴層」、または、「海外」でしか得られない恐れがある。「母国の国力向上」を念頭において、人材育成に力を注ぐべきだろう。

同時に、「法律を守る」ことにも敏感であるべきだろう。「当たり前のこと」だが、日本では当たり前とは言い難い現実がある。例えば、過労死、サービス残業など、先進国から見れば、信じられない事実は跡を絶たない。「グローバルスタンダード」を標榜するのであれば、働くうえでフェアな環境を、当たり前のように整えていくことが欠かせないだろう。

【文　献】

厚生労働省［２００７］「日雇い派遣労働者の実態に関する調査および住居喪失不安定就労者の実態に関する調査」

――［２００９］『労働経済白書〈平成21年版〉――賃金、物価、雇用の動向と勤労者生活』

ベネッセ教育研究センター［２００６］『若者の仕事生活実態調査報告書』

文部科学省［２００９］『平成21年版文部科学白書』

リクルートワークス研究所［２０１０］「ワークス大卒求人倍率調査」

労働政策研究・研修機構［２００６］「多様化する就業形態の下での人事戦略と労働者の意識に関する調査」

――［２００７］『多様な働き方の実態と課題』

OECD [2006] *OECD Employment Outlook 2006 BOOSTING JOBS AND INCOMES*, 2006.

第8章 雇用保険でも生活保護でもない第2のセーフティネットと伴走型支援

支援の現場で見えてきたこと

湯浅　誠

パーソナル・サポート制度検討の背景

現役世代の間、「人生前半」と言われることもあるが、そのときに公的サービスとの接点を持たざるを得ない人が増えている。

かつては「学校から企業に」という形で、それぞれの家族コミュニティから学校に送り込まれ、卒業後は、企業がずっと抱えてくれるイメージだった。そのときは、引退するまで基本的に役所との接点はない。しかし、公的なセーフティネットとの接点を持たざるを得ない人がこの間、増えている。ところが、慣れていないので、セーフティネットをよく知らないし、うまく活用できない。サービスを提供する側も、こうした事態をあまり想定していなかったのでどう対応していいかわからない。こうしたことが、あちこちで起こっているのではないかというのが基本的な問題意識としてある。

私自身は貧困の問題にかかわってきたので、そこをどうつなげていくかという観点から問題を立ててきた。そうした中、２００９年秋に内閣府参与となり、ワンストップ・サービス・デイや年末年始総合相談（マス・メディアでは「公設派遣村」と言われた）にかかわり、一度辞めた後、また２０１０年５月10日に再任され、今度は「パーソナル・サポート・サービス」のモデルプロジェクトに取り組んでいる。一連の施策のつながり具合や「パーソナル・サポート」で何をめざしているのかについてお話ししたい。

２００９年「ワンストップ・サービス・デイ」を実施したのは、ひとつには本集会[1]のタイトルにもなっている「第2のセーフティネット」との関係があった。雇用保険が第1のセーフティネット、生活保護が最後のセーフティネットとすると、その間に第2のセーフティネットをつくる、という名目で、自公政権期の２００９年度第1次補正で一連の政策が打たれた。制度名称を羅列すると、就職安定資金融資、訓練生活支援給付、住宅手当、総合支援資金貸付、長期失業者支援事業、就職困難者支援事業。その総称が「第2のセーフティネット」だ。おそらくこの名前だけ聞いても、内容を詳しく承知している人はほとんどいないのではないか。当然ながら、それぞれに独自の要件が設定されており、「さあ、これを活用してください」と言われても、自分にどれが当てはまるのかさっぱりわからない、というのが一般の失業者の感覚だ。しかも、窓口がハローワーク、福祉事務所、社会福祉協議会などに分かれている。

もちろん、公的サービスは、全体としてはさらに多様だ。岩手県の消費生活相談センターが一覧を作成したところ、消費生活相談センターに相談に来る人の使える公的サービスは１６４あった。この中から「さあ、あなたはどれを選びますか」と言われても、選べる人はいない。そういうことがうまくできる人とできない人がいるのではなく、接点を持たずに生きていける人と、持たざるを得なくなった人の違いがあるにすぎない。接点を持たざるを得なくなった途端に、みんなお手上げになる。これは共通している。

利用者の利便性という観点から、ここをどうにかできないかと実施したのが、２００９年秋の「ワンストップ・サービス・デイ」だった。ハローワーク、福祉事務所、社会福祉協議会などのサービス窓口の〝島〟を強引に集めた。結果として、利用者には評判がよかったが、寄せ集められる側の福祉事務所やハローワークからの評判は悪かった。そこで、それ以降は各地の自主性に委ねるという形で、多くの地域で事実上止まってしまっている。

パーソナル・サポート・サービスの検討へ

当時から、全部の島を寄せなくても、その島と島に船が通り、橋がかかるようにすればいいのではないか、という意見があった。物理的一体性に対し、機能的一体性とも言われた。では、その船になり橋になるものは何かということで、「人によるワンストップ」と言うこともあるが、「パーソナル・サポート・サービス」を考えた。

このサービスの課題について検討したうえで、それをやるか、やらないかを含めて政府に検討してほしいとボールを投げた。私はその後内閣府参与を辞任したが、２０１０年４月末になって、モデル事業として実施するという話になったので、内閣府参与に戻った。

個別的・継続的・横断的なサービス

では「パーソナル・サポート・サービス」とは何か。配布した内閣府の資料には、「個別的」・「継続的」・「横断的」に提供される『セーフティ・ネットワーク』の構築と書いてある。

「個別的」とは、個別の事情に応じて、という意味。それぞれの抱えている事情は、複雑化・個別化しているので、それに応じて、という意味だ。「継続的」とは、本人との信頼関係をある程度継続していくということ。例えば半年、1年たって担当がかわりましたとなると、書類の引き継ぎはできても、その人との関係までは引き継げない。それゆえ、個別性と継続性が大事だと言っている。

もうひとつは「横断性」。すでに述べたようにさまざまな部署にさまざまな制度がぶら下がって、いわゆる縦割りになっている。これを、船になり、橋になってつなげていく人が必要だ。

こうした制度が必要な背景には、孤立の問題がある。日本の場合、人生前半は基本的に企業と家族に支えられてきて、公的セーフティネットとの接点は弱かったと言ったが、今はそうではない人が増えてしまっている（次頁**図表1**）。高齢者に関して「無縁社会」と言われ始めたように、もともと貧困は単に

図表１　「パーソナル・サポーター」のイメージ

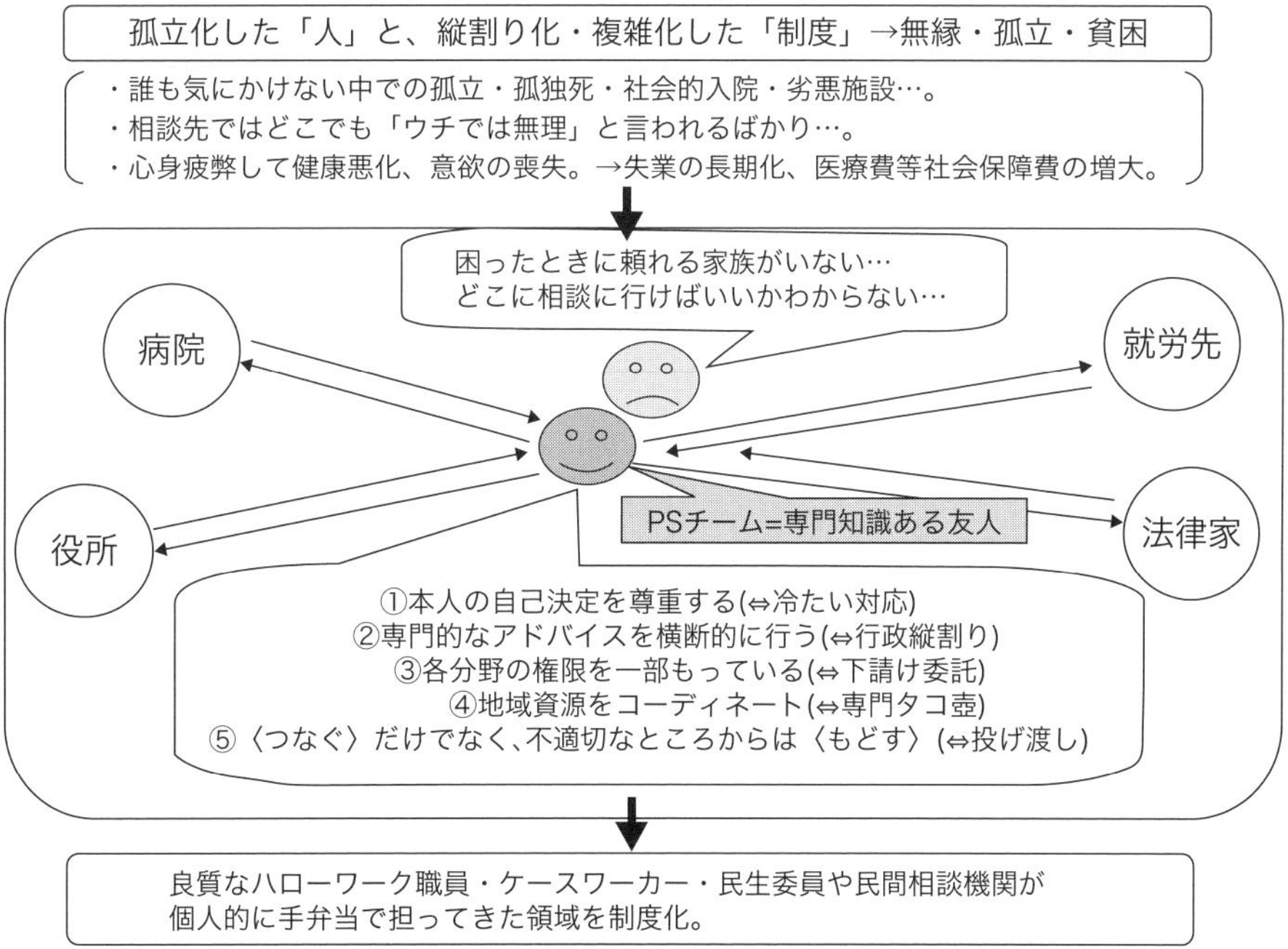
孤立化した「人」と、縦割り化・複雑化した「制度」→無縁・孤立・貧困
・誰も気にかけない中での孤立・孤独死・社会的入院・劣悪施設…。
・相談先ではどこでも「ウチでは無理」と言われるばかり…。
・心身疲弊して健康悪化、意欲の喪失。→失業の長期化、医療費等社会保障費の増大。
困ったときに頼れる家族がいない…
どこに相談に行けばいいかわからない…
病院
就労先
役所
法律家
PSチーム=専門知識ある友人
①本人の自己決定を尊重する(⇔冷たい対応)
②専門的なアドバイスを横断的に行う(⇔行政縦割り)
③各分野の権限を一部もっている(⇔下請け委託)
④地域資源をコーディネート(⇔専門タコ壺)
⑤〈つなぐ〉だけでなく、不適切なところからは〈もどす〉(⇔投げ渡し)
良質なハローワーク職員・ケースワーカー・民生委員や民間相談機関が
個人的に手弁当で担ってきた領域を制度化。

出所：内閣府「パーソナル・サポート・サービス検討委員会」資料（2010年５月）

お金がないという状態だけではなくて、孤立の問題が絡んでいる。その意味で貧困とは貧乏プラス孤立。それゆえ、その人に継続的に寄り添うようなかかわり方が必要となる。これを「寄り添い型」あるいは「伴走型支援」と言ったりするが、イメージを持ってもらうために「専門知識を持つ友人」だと形容することもある。

例えば、病院には医療ソーシャルワーカー（ＭＳＷ）がいて、入院している間は、医療費の支払いや生活面のサポートをする。しかし退院すると、ＭＳＷとの関係は終了し、あとは元気で頑張ってねとなる。生活保護のケースワーカーも、生活保護受給者に一生懸命対応するが、生活保護から抜けると、関係も切れる。ハローワーク職員も、就職すれば、基本的にはいなくなってしまう。

対応した職員はその後うまくいっているだろうと想定するが、人々の生活状況は、今非常に不安定化しており、次の段階でうまくいっているかというと、必ずしもそうではない。制度と制度のはざまに沈んでいってしまっている人が実際にはたくさんいて、それが貧困層をつくっていく。

制度の切れ目が縁の切れ目になるのが、制度内職員の限界だとすると、ずっとその人に光を当て続けるような存在をつくれないか。それをイメージとして言うと「専門知識を持った友人」となる。友人は、その人が入院している間だけ友人で、退院したら友人を止める、ということはない。ずっと継続的にかかわっていく。

別の言い方で「気遣い人」と呼ぶ人もいる。家族や友人の役割はいろいろあるが、ひとつの役割は「気遣う」ということ。

図表２　「パーソナル・サポーター」の支援プロセス（イメージ）

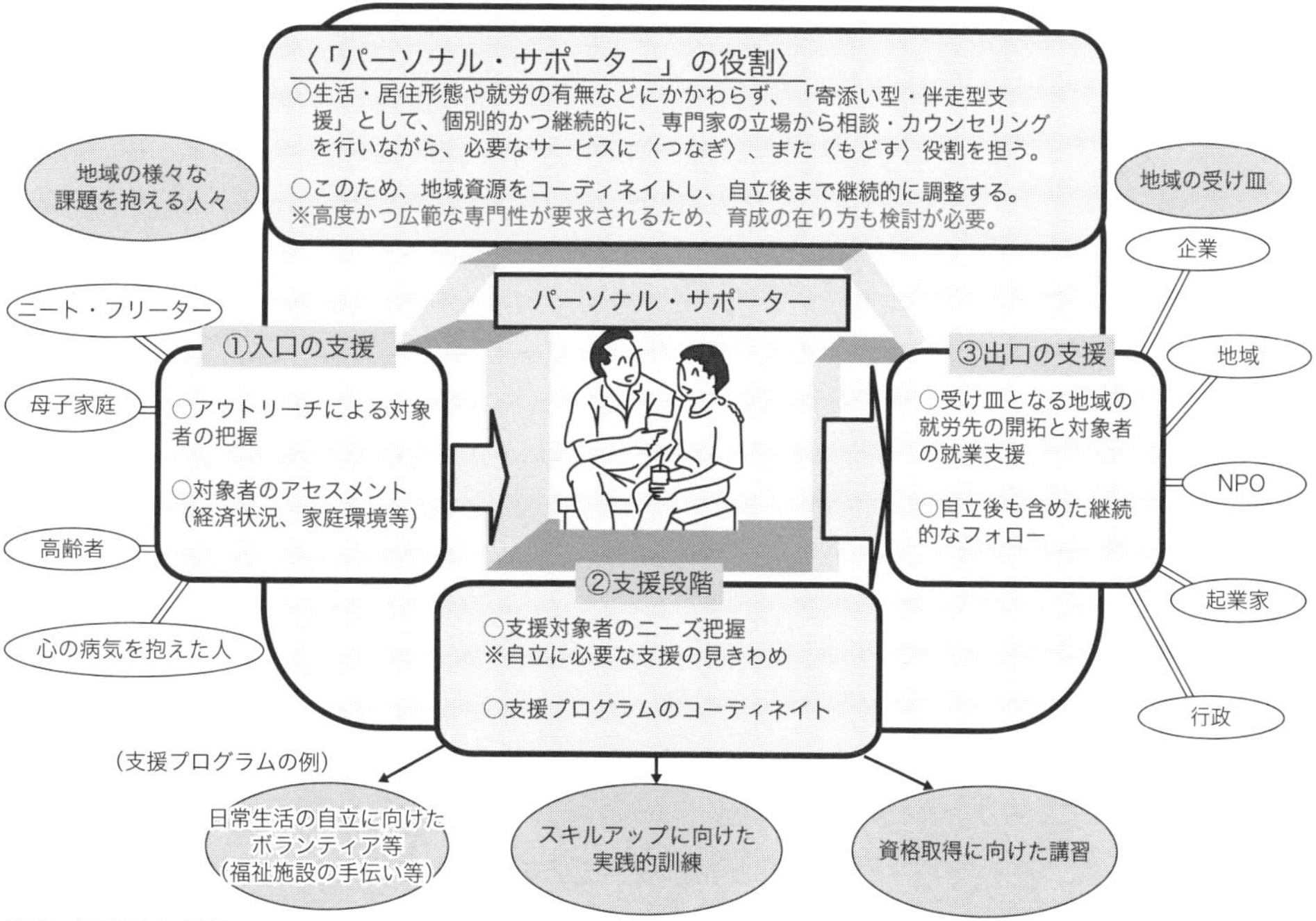
〈「パーソナル・サポーター」の役割〉
○生活・居住形態や就労の有無などにかかわらず、「寄添い型・伴走型支援」として、個別的かつ継続的に、専門家の立場から相談・カウンセリングを行いながら、必要なサービスに〈つなぎ〉、また〈もどす〉役割を担う。
○このため、地域資源をコーディネイトし、自立後まで継続的に調整する。
※高度かつ広範な専門性が要求されるため、育成の在り方も検討が必要。
地域の様々な課題を抱える人々
ニート・フリーター
母子家庭
高齢者
心の病気を抱えた人
①入口の支援
○アウトリーチによる対象者の把握
○対象者のアセスメント（経済状況、家庭環境等）
パーソナル・サポーター
②支援段階
○支援対象者のニーズ把握
※自立に必要な支援の見きわめ
○支援プログラムのコーディネイト
③出口の支援
○受け皿となる地域の就労先の開拓と対象者の就業支援
○自立後も含めた継続的なフォロー
地域の受け皿
企業
地域
NPO
起業家
行政
（支援プログラムの例）
日常生活の自立に向けたボランティア等（福祉施設の手伝い等）
スキルアップに向けた実践的訓練
資格取得に向けた講習

出所：図表１に同じ

例えば「就労するまでは半人前だ」というかかわり方で、手取り足取りサポートするけれども、「就労したからには一人でやっていけ」とバチッと切る発想の仕方がよくある。私は、これを「就労のワナ」と呼んでいる。実際には就労前でも一人でできることはたくさんあるし、就労したからといってサポートが不要になるわけではないのに、そこを截然と分けてしまう。それに対し、家族や友人の役割は、ずっと気遣い続けるということ。「あんた、最近顔色悪いけど、大丈夫。無理し過ぎていない？」という話をする人ということ。こうした「気遣い人」がいない人が増えている。

生活上のさまざまな箇所にセーフティネットの穴があいて、そこから漏れていく人が絶えないので、そこをサポートする。このイメージ図（**図表2**）のように、いろいろなところにつなぎ、場合によっては戻す。ずっとその人にかかわっていくという意味で「伴走型」と言うのは、そのためだ。

例えば、身寄りのない高齢者の人で、死ぬまで薬漬けで病院を3カ月ごとにたらい回しされている人がいる。家族がいれば、病院や役所にかけあったり、地域で暮らすために不動産屋とかけあったり、介護の手配をしたりする。そうすることで、たらい回しにされて薬漬けにされる状態から引き上げたり、未然に防いだりしている。いわゆる貧困ビジネスの餌食になってしまうのは、多くの場合、孤立した人たちだ。それは高齢者に限らない。

こうしたもろもろの背景から、２０１０年、政府の緊急雇用対策本部の下に「セーフティ・ネットワーク実現チーム」が設けられ、そこでモデルプロジェクトの検討が行われた。その検討会で取りまとめた文書に「パーソナル・サポート・サービスの導入」が打ち出され、これが２０１１年6月18日に取りまとめられた政府の「新成長戦略」に盛り込まれた。

モデルプロジェクトは、２０１０年秋から冬にかけて全国で何カ所かを選定する。各地のモデル事業で試行錯誤しながら、同時に検討委員会をつくって、どういう支援の仕方が最も効果的なのか、サービスを受ける側の変化をどう評価していくのかなどを検討する予定だ（２０１1年9月現在、検討中）。

日常生活・社会生活・経済的自立に向けて

しばしば指摘されているように、「自立」は基本的に3種類ある。日常生活自立、社会生活自立、経済的自立。いわゆる就労自立は、この経済的な自立だが、瞬間最大風速をはかることばかりに陥りがちだ。どこかの就労先に押し込んで、それをカウントして「何割達成」などと言うが、その人がずっとそこに定着しているかというと、全然違う場合がある。瞬間最大風速は5割だが、1年後にはその6割がそこからいなくなっていたという事例もある。

社会生活自立は、人とうまくつき合えるとか、社交性があることを言うが、就労自立よりも社会生活自立のほうが困難な人がたくさんいる。50代の中高年の失業者や生活に困るようになってしまった人と随分つき合ってきたが、その人たちは就職はできても、続かない。職場の人間関係がうまくつくれないからだ。世の中のおじ様たちを考えても、おれはちゃんと働いていると威張っていても、身の回りの掃除、洗濯といった日常生活自立はできないけれども許されている人たちがゴマンといる。

つまり、就労自立だけを考えていると、かえって就労自立も果たされない。バランスを考えていく必要があり、支援される側の評価も、単に就労したかどうかだけで見るのではなくて、小さな変化も含めてきちんと見られるようなものをつくっていく必要がある。

例えば、何年もひきこもり経験のある人が半年たったら笑った。これは大きな変化だ。この変化を評価できないと、就労自立までいかない。「1年たっても、就労してないじゃないか」という話になると、そこまでの積み重ねの中で生まれた小さな変化は、全部消えてしまう。そうなると、結局、そこにもたどり着かない。そうしたものを積み上げていく評価の仕方が必要になると思う。

また、雇用開拓の問題も出てくるだろう。一般就労が望ましいと言われるが、その間に刻みがないと難しいという人は現実問題たくさんいる。一番手前の刻みは、自分を受け入れてくれる居場所。そこで安心できて、愚痴が言える。そういう居場所の中で職業訓練へ行ってみればと促されて、行ってみようかなという気になる。そして、中間的な就労の場所。それは社会的企業や、トライアル就労を含む。それによって完全に就労自立できるわけでなくても、中間的な就労の場が必要だ。そうしたこともセットで考えていく必要があると思う。

機能としてのパーソナル・サポーター（PS）

この「パーソナル・サポーター」のイメージをもう少し共有しておくと、**図表3**に「パーソナル・サ

図表３　各種領域における支援活動とパーソナル・サポート・サービスを担う人材

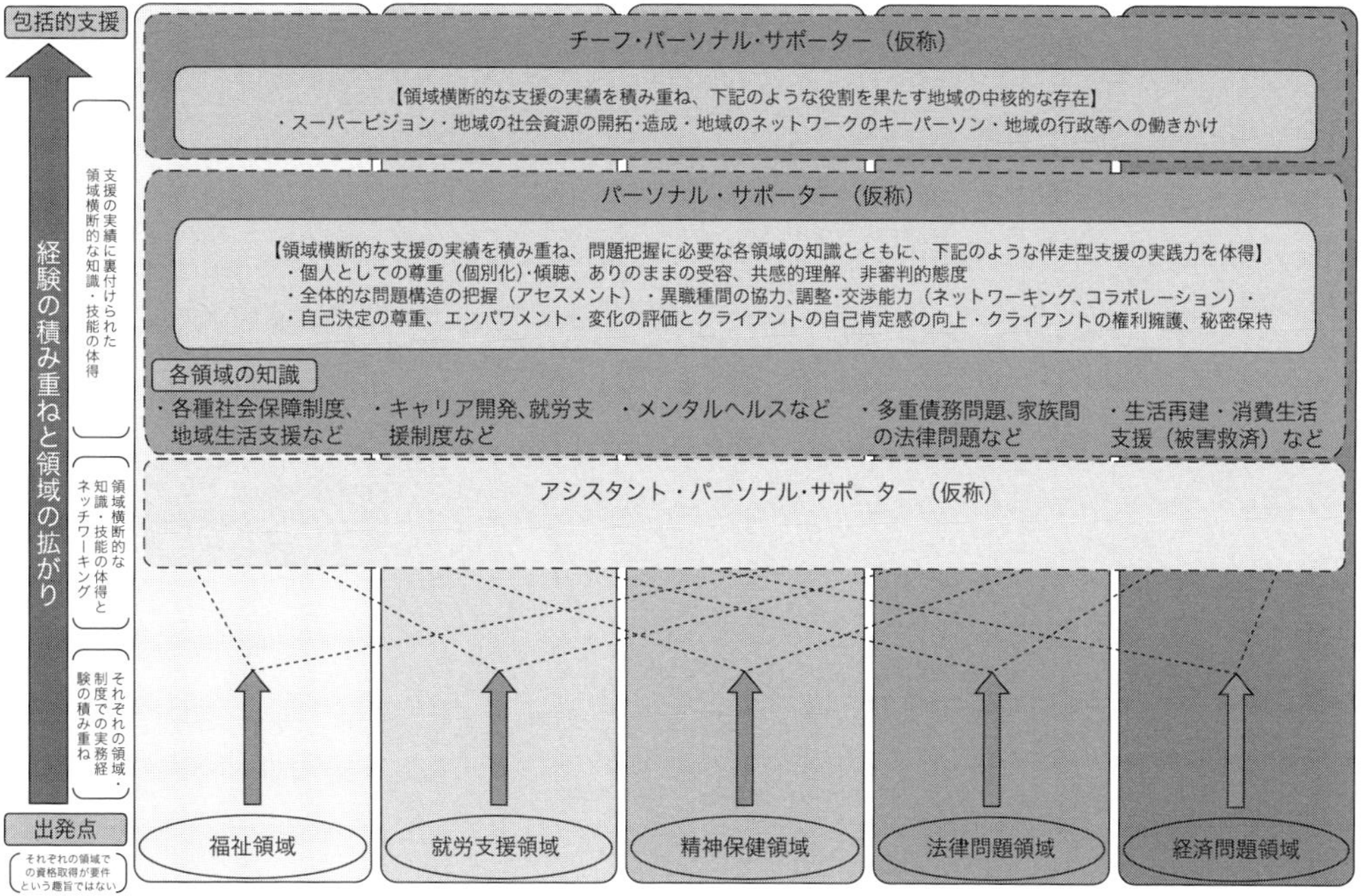
包括的支援
経験の積み重ねと領域の拡がり
支援の実績に裏付けられた領域横断的な知識・技能の体得
領域横断的な知識・技能の体得とネッチワーキング
それぞれの領域・制度での実務経験の積み重ね
出発点
それぞれの領域での資格取得が要件という趣旨ではない
チーフ・パーソナル・サポーター（仮称）
【領域横断的な支援の実績を積み重ね、下記のような役割を果たす地域の中核的な存在】
・スーパービジョン・地域の社会資源の開拓・造成・地域のネットワークのキーパーソン・地域の行政等への働きかけ
パーソナル・サポーター（仮称）
【領域横断的な支援の実績を積み重ね、問題把握に必要な各領域の知識とともに、下記のような伴走型支援の実践力を体得】
・個人としての尊重（個別化）・傾聴、ありのままの受容、共感的理解、非審判的態度
・全体的な問題構造の把握（アセスメント）・異職種間の協力、調整・交渉能力（ネットワーキング、コラボレーション）・
・自己決定の尊重、エンパワメント・変化の評価とクライアントの自己肯定感の向上・クライアントの権利擁護、秘密保持
各領域の知識
・各種社会保障制度、地域生活支援など
・キャリア開発、就労支援制度など
・メンタルヘルスなど
・多重債務問題、家族間の法律問題など
・生活再建・消費生活支援（被害救済）など
アシスタント・パーソナル・サポーター（仮称）
福祉領域
就労支援領域
精神保健領域
法律問題領域
経済問題領域

出所：図表１に同じ

ポーター」（概念整理）がある。ＰＳと略すが、私たちはできればＰＳを機能と考えたい。世の中には社会福祉士、精神保健福祉士など各種の資格がある。その中に、もうひとつ新たな資格をつくるのではなく、いろいろな領域でやっている人が横断的な知識などを身につけながら、ある種の機能としてＰＳ的な動き方を確立させていきたいと考えている。

職能スキルに応じて３段階に分けていて、まだ名称が定まっていないが、とりあえず一番上がチーフＰＳ、２番目がＰＳ、３番目がＰＳアシスタントといった名前をつけている。チーフＰＳはかなり高いレベルに設定したいと考えていて、個別支援を通じて、地域の課題を発見し、その発見を通じて地域資源全体をコーディネートしていく人というイメージを持っている。

例えば障害者の作業所などをやっている人が、シャッター通り化する地方の商店街の活性化に作業所を位置づけて、そこに店を開きながら人の流れを取り戻す。こうして、福祉的なものを通じたまちづくり、まちおこしを地域でやっている人たちが増えている。こうした人たちは、障害者分野のスタッフであると同時に、そのことを通じて地域のあり方を考える地域コーディネーターでもある。そういう存在としてチーフＰＳをイメージしていきたい。

その下にいる、ＰＳ、ＰＳアシスタントは、例えばＰＳアシスタントで言うと、それぞれの分野でやってきた人たちで、ハローワークの生活就労支援アドバイザーだったり、福祉事務所のケースワーカーだったり、キャリア・アドバイザーだったりが想定される。その人たちが他分野の研修をうけ、現場経験を積みながら、地域の中でつなげる資源を確保・開拓する。あるいは、その人たちと顔の見える関係

図表４　「パーソナル・サポート・サービス」と各制度の相談援助機能との関係（考え方の整理）

〈モデル・プロジェクト実施前の概念整理（たたき台）〉

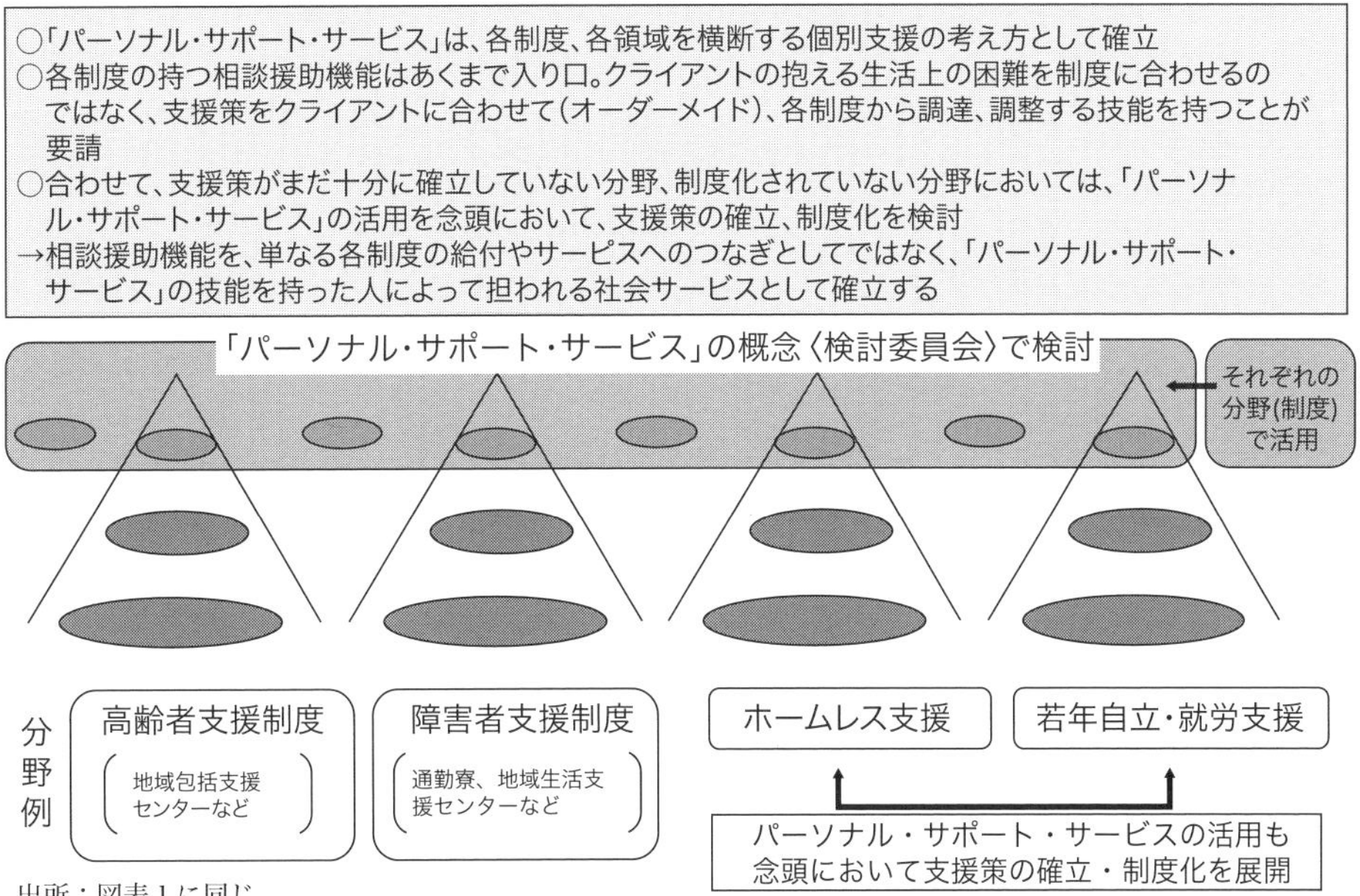
○「パーソナル・サポート・サービス」は、各制度、各領域を横断する個別支援の考え方として確立
○各制度の持つ相談援助機能はあくまで入り口。クライアントの抱える生活上の困難を制度に合わせるのではなく、支援策をクライアントに合わせて(オーダーメイド)、各制度から調達、調整する技能を持つことが要請
○合わせて、支援策がまだ十分に確立していない分野、制度化されていない分野においては、「パーソナル・サポート・サービス」の活用を念頭において、支援策の確立、制度化を検討
→相談援助機能を、単なる各制度の給付やサービスへのつなぎとしてではなく、「パーソナル・サポート・サービス」の技能を持った人によって担われる社会サービスとして確立する
「パーソナル・サポート・サービス」の概念〈検討委員会〉で検討
それぞれの分野(制度)で活用
分野例
高齢者支援制度
（地域包括支援センターなど）
障害者支援制度
（通勤寮、地域生活支援センターなど）
ホームレス支援
若年自立・就労支援
パーソナル・サポート・サービスの活用も念頭において支援策の確立・制度化を展開

出所：図表１に同じ

を築く、その分野についての最低限のことを知っておく。こうした経験を積みながらＰＳになる。ＰＳアシスタントの中からゆくゆくは地域のコーディネーターが出てくれればいいと思っている（**図表4**）。

本人の抱えているトラブルは複合的なので「就職したいんです」といって相談に来た人が、実は家庭の問題や多重債務、メンタルヘルスの問題を抱えていることも珍しくない。２０１０年2月に最初に総理に提言したときに言ったのも、こうした分野を職業として確立したいということだった。介護ヘルパー、介護福祉士にしても、２年間一生懸命勉強して資格を取っても、施設で仕事を始めると月給12万円で雇われる。その人の給料は3年、５年たっても上がらないのでは、一生やっていこうとは思いづらい。だから、この人たちをワーキング・プアにしないことが、成否のカギになる。こうした人たちの社会的地位や賃金を引き上げていくひとつのきっかけになれば、とも願っている。

［注］

（1）本稿は２０１０年7月の講演をもとにしている。パーソナル・サポート・サービスのモデル事業はその後開始されたので、現在では異なる点がある。

おわりに

本書の基となった２回のシンポジウムは日本学術会議の社会学委員会「社会変動と若者問題分科会」と（独）労働政策研究・研修機構の共催で実施された。日本学術会議は日本の科学者を代表する機関で、政府に対する政策提言や科学の役割についての世論啓発などを役割としている。一方、労働政策研究・研修機構は労働に関する総合的な調査・研究を行う機関で労働政策の立案とその効果的・効率的な推進に寄与することを目的とする。どちらも科学的な研究に軸足がある一方で政策提言を役割としているという点では共通ではあるが、その濃淡はかなり異なる。

労働政策研究・研修機構は労働政策の立案と推進への貢献をミッションとする組織であるため、労働政策に視野が固定されざるを得ないし、また学術的な発信は二の次になってしまうところがある。

これに対して、日本学術会議は何と言っても日本の学術の中心である。学術には、自由な発想や広い視野が求められてきた。そして、日本における学術は、第２回のシンポジウムでコメンテーターとして太郎丸氏が指摘されている通り、お金のために政府のために奉仕するものでもないが、（往々としてそうであったように）象牙の塔にこもっている時代ではない。世の中への貢献の仕方を問われている時代である。

今、若者たちが直面している課題において労働問題の部分は重いが、しかしその範囲だけで解決できないことが増えている。一方で学術は、そのまま存在価値が認められる時代から、現実への貢献が求められる時代に入っている。今回の２つの組織による共催関係はこうした背景があって成立した。

本書の11の論考には、学術は政策形成にどう貢献しうるか、あるいは貢献するべきかについてのそれぞれの筆者の想いが底を流れている。それぞれの立ち位置に違いはあるが、そこに緊張をはらんだ関係性を見ていることは共通である。

政策を立案し遂行するため、あるいはそれを変更、廃止するために、その意味や効果を声高に主張することが日常となった。そこに科学的な調査と分析があるのか、論理的な議論と判断があるのか。学術と政策形成の緊張関係はそこにこそ存在すべきである。

小杉礼子

藤田晃之（ふじた・てるゆき）［第２章］
国立教育政策研究所生徒指導研究センター総括研究官。キャリア教育政策研究、中等教育制度論。主な著作に『キャリア開発教育制度研究序説――戦後日本における中学校教育の分析』（教育開発研究所、1997 年）、『新しいスタイルの学校――制度改革の現状と課題』（数研出版、2006 年）、『講座日本の高校教育』（学事出版、2008 年）など。

宮本みち子（みやもと・みちこ）＊［第５章］
編著者紹介を参照。

渡辺秀樹（わたなべ・ひでき）［コラム 2］
慶應義塾大学文学部教授。家族社会学。主な著作に『いま、この日本の家族――絆のゆくえ』（共著、弘文堂、2010年）、『国際比較にみる世界の家族と子育て』（共編著、ミネルヴァ書房、2010年）、『現代日本の社会意識――家族・子ども・ジェンダー』（編著、慶應義塾大学出版会、2005年）など。

湯浅　誠（ゆあさ・まこと）［第８章］
NPO 法人自立生活サポートセンター・もやい事務局次長。著書に『反貧困』（岩波新書、2008 年、第14 回平和・協同ジャーナリスト基金賞大賞、第８回大仏次郎論壇賞）、『正社員が没落する』（堤未果氏と共著、角川新書、2009年）、『派遣村』（共著、岩波書店、毎日新聞社、2009年）、『どんとこい！貧困』（理論社、2009年）、『岩盤を穿つ』（文藝春秋社、2009年）など。

〈執筆者紹介〉（50 音順、＊は編者）

岩田正美（いわた・まさみ）［第 3 章］
日本女子大学人間社会学部教授。社会福祉政策と貧困・社会的排除論。主な著作に『戦後社会福祉の展開と大都市最底辺』（ミネルヴァ書房、1995 年、第 4 回福武直賞、社会政策学会学術賞受賞）、『ホームレス／現代社会／福祉国家』（明石書店、2000 年）、『現代の貧困――ワーキングプア／ホームレス／生活保護』（ちくま新書、2007 年）、『社会的排除――参加の欠如と不確かな帰属』（有斐閣、2008 年）など。

大津和夫（おおつ・かずお）［第 7 章］
読売新聞東京本社・社会保障部記者。社会的排除、雇用問題が専門。「貧困ジャーナリズム賞、2009」受賞。厚生労働省「今後の仕事と家庭の両立支援に関する研究会」委員（2008年）。財務省「多様な就業形態に対する支援のあり方研究会」委員（2006年）、米コロンビア大学院客員研究員（2003年～2004年）。主な著書に『置き去り社会の孤独』（日本評論社、2008年）、『介護地獄アメリカ――自己責任追求の果てに』（同、2005年）など。

金井淑子（かない・よしこ）［コラム 1］
立正大学文学部教授。社会倫理学・フェミニンの哲学。主な著作に『ポストモダン・フェミニズム――差異と女性』（勁草書房、1989 年）、『フェミニズム問題の転換』（同、1992 年）、『女性学の挑戦――家父長制・ジェンダー・身体性へ』（明石書店、1997 年）、『異なっていられる社会を――女性学／ジェンダー研究の視座』（同 2007 年）、『依存と自立の倫理――〈女／母《わたし》〉の身体性から』（ナカニシヤ出版、2011 年）。

小杉礼子（こすぎ・れいこ）＊［第 1 章］
編著者紹介を参照。

佐藤博樹（さとう・ひろき）［第 6 章］
中央大学大学院戦略経営研究科教授。人事管理論。主な著書に『パート・契約・派遣・請負の人材活用〔第 2 版〕』（編著、日経文庫、2004 年）、『男性の育児休業――社員のニーズ、会社のメリット』(共著、中公新書、2004 年)、『職場のワーク・ライフ・バランス』（共著、日経文庫、2010 年）、『ワーク・ライフ・バランスと働き方改革』（共編著、勁草書房、2011 年）など。

太郎丸　博（たろうまる・ひろし）［第 4 章］
京都大学文学研究科准教授。社会学。主な著作に『人文・社会科学のためのカテゴリカル・データ解析入門』（ナカニシヤ出版、2005 年）、『フリーターとニートの社会学』（編著、世界思想社、2006 年）、『若年非正規雇用の社会学――階層・ジェンダー・グローバル化』（大阪大学出版会、2009 年）など。

直井道子（なおい・みちこ）［コラム 3］
桜美林大学大学院老年学研究科特任教授。家族社会学・老年社会学。主な著作に『階層化する社会意識――職業とパーソナリティの計量社会学』（共著、吉川徹編著、勁草書房、2007年）、『講座社会学 11　福祉』（共編著、東京大学出版会、2010年）、『よくわかる高齢者福祉』（共編著、ミネルヴァ書房。2010年）など。

〈編著者紹介〉

宮本みち子（みやもと・みちこ）
放送大学教養学部教授。青年社会学、家族社会学。主な著作に『若者が《社会的弱者》に転落する』（洋泉社 、2002年）、『ポスト青年期と親子戦略』（勁草書房、2005 年）「若者政策の展開」（『思想』No.983、2006年）、「成人期への移行政策と若年者支援」（『福祉政策理論の検証と展望』中央法規、2008年）、「若者の貧困を見る視点」（『貧困研究』第 2 号、明石書店、2009年）、「困難な条件をもつ若者に対する就労支援」『都市研究』2010 年 12 月号）など。

小杉礼子（こすぎ・れいこ）
独立行政法人 労働政策研究・研修機構統括研究員。学校から職業への移行、人材育成研究担当。主な著作に『フリーターという生き方』（勁草書房、2003年）、『若者と初期キャリア――「非典型」からの出発のために』（勁草書房、2010年、第33 回労働関係図書優秀賞）、『自由の代償／フリーター――現代若者の就業意識と行動』（編著、日本労働研究機構、2002年）、『若者の働きかた』（編著、ミネルヴァ書房、2009年）など。

二極化する若者と自立支援
――「若者問題」への接近

2011年11月20日　初版第 1 刷発行
2016年 1 月15日　初版第 3 刷発行

編著者　宮本みち子
　　　　小杉礼子
発行者　石井昭男
発行所　株式会社 明石書店
〒101-0021 東京都千代田区外神田 6-9-5
電話 03（5818）1171
FAX 03（5818）1174
振替 00100-7-24505
http://www.akashi.co.jp
装幀　藤本義人
組版　明石書店デザイン室
印刷　モリモト印刷株式会社
製本　協栄製本株式会社

(定価はカバーに表示してあります)　ISBN978-4-7503-3493-6

JCOPY 〈(社) 出版者著作権管理機構 委託出版物〉
本書の無断複製は著作権法上での例外を除き禁じられています。複写される場合は、そのつど事前に(社)出版者著作権管理機構（電話 03-3513-6969、FAX 03-3513-6979、e-mail: info@jcopy.or.jp）の許諾を得てください。

貧困研究

【年2回刊行】

『貧困研究』編集委員会［編集］

A5判／並製／本体価格 各1800円＋税

日本における貧困研究の深化・発展、国内外の研究者の交流、そして貧困問題を様々な人々に認識してもらうことを目的として2007年12月に発足した貧困研究会を母体に発刊された、日本初の貧困研究専門誌。

編集長
布川日佐史

編集委員
福原宏幸
松本伊智朗
湯澤直美
村上英吾
山田篤裕

Vol.1 特集 貧困研究の課題

Vol.2 特集 流動社会における新しい貧困のかたち

Vol.3 特集 現代日本における貧困の特質をどうとらえるか

Vol.4 特集1 日韓における地域の社会的包摂システムの模索
特集2 貧困測定の研究

Vol.5 特集1 日本の貧困は「地方」にどう立ち現れているか
特集2 貧困測定の研究2

Vol.6 特集1 子どもの貧困と対抗戦略——研究・市民活動・政策形成
特集2 貧困測定の研究3

Vol.7 特集1 生活保護制度改革に向けて——世界の社会扶助制度に学ぶもの
特集2 貧困測定の研究4

Vol.8 特集1 震災と貧困
特集2 アメリカの格差反対運動とその背景

Vol.9 特集 大阪の貧困——その実態とさまざまな取り組み

Vol.10 特集1 先進7ヶ国における社会扶助の給付水準の決定および改定方式
特集2 地域で支える生活困窮者の自立支援と社会的包摂

Vol.11 特集 子どもの貧困と教育の課題

Vol.12 特集1 貧困政策を検証する——生活困窮者自立支援と子どもの貧困対策に焦点をあてて
特集2 家族・私的扶養・社会保障

Vol.13 特集1 貧困研究のフロンティア
特集2 大都市の住まいの実態を調査する

Vol.14 特集1 いま〈最低生活保障〉を問う：原論・政策・運動の三領域から
特集2 格差研究の展望——所得／住宅と健康／格差・貧困感

Vol.15 特集 アベノミクスと格差・貧困

——以下、続刊

〈価格は本体価格です〉

シリーズ　【全6巻 完結!】
差別と排除の〔いま〕

日本社会の伝統的な差別形態が見えにくくなっている中で、インターネットといった新しい伝達手段の普及もあって、新たな差別と排除が広がっている。従来の類型を超えて「空間」「文化・メディア」「福祉・医療」「教育」「セクシュアリティ」という5つの視点から、現代の差別と排除をとらえるシリーズ。

四六判／上製

---

1 現代の差別と排除をみる視点
町村敬志、荻野昌弘、藤村正之、稲垣恭子、好井裕明 編著
◉2400円

2 都市空間に潜む排除と反抗の力
町村敬志 編著　◉2400円

3 文化・メディアが生み出す排除と解放
荻野昌弘 編著　◉2200円

4 福祉・医療における排除の多層性
藤村正之 編著　◉2200円

5 教育における包摂と排除　もうひとつの若者論
稲垣恭子 編著　◉2400円

6 セクシュアリティの多様性と排除
好井裕明 編著　◉2200円

〈価格は本体価格です〉

子どもの貧困白書
子どもの貧困白書編集委員会編 ◉2800円

英国の貧困児童家庭の福祉政策 "Sure Start"の実践と評価
ジェイ・ベルスキー、ジャクリーン・バーンズ、エドワード・メルシュ著 清水隆則監訳 ◉2800円

若者問題の社会学 視線と射程
ロジャー・グッドマン、トゥーッカ・トイボネン編著 井本由紀編著・監訳 西川美樹訳 ◉2600円

社会喪失の時代 プレカリテの社会学
ロベール・カステル著 北垣 徹訳 ◉5500円

生活保護「改革」と生存権の保障 基準引下げ、法改正、生活困窮者自立支援法
吉永 純 ◉2800円

最低生活保障と社会扶助基準 先進8ヶ国における決定方式と参照目標
山田篤裕、布川日佐史、『貧困研究』編集委員会編 ◉3600円

格差拡大の真実 二極化の要因を解き明かす
経済協力開発機構（OECD）編著 小島克久、金子能宏訳 ◉7200円

貧困克服への挑戦 構想 グラミン日本
グラミン・アメリカの実践から学ぶ先進国型マイクロファイナンス
菅 正広 ◉2400円

ホームレスと都市空間 収奪と異化、社会運動、資本-国家
林 真人 ◉4800円

ホームレス状態からの「脱却」に向けた支援 人間関係・自尊感情・「場」の保障
後藤広史 ◉3800円

言語と貧困 負の連鎖の中で生きる世界の言語的マイノリティ
松原好次、山本忠行編著 ◉4200円

世界格差・貧困百科事典
駒井 洋監修 穂坂光彦監訳 ◉38000円

連帯経済とソーシャル・ビジネス
貧困削減、富の再分配のためのケイパビリティ・アプローチ
池本幸生、松井範惇編著 ◉2500円

グローバル社会と人権問題 人権保障と共生社会の構築に向けて
李 修京編 ◉2400円

開発社会学を学ぶための60冊 援助と発展を根本から考えよう
佐藤 寛、浜本篤史、佐野麻由子、滝村卓司編著 ◉2800円

諸外国の教育動向 2014年度版
文部科学省編著 ◉3600円

〈価格は本体価格です〉